新しい教職教育講座 教職教育編 ❻
原 清治／春日井敏之／篠原正典／森田真樹 [監修]

教育課程・教育評価

細尾萌子／田中耕治 [編著]

ミネルヴァ書房

新しい教職教育講座

監修のことば

　現在，学校教育は大きな転換点，分岐点に立たされているようにみえます。

　見方・考え方の育成を重視する授業への転換，ICT 教育や特別支援教育の拡充，増加する児童生徒のいじめや不登校への適切な指導支援，チーム学校や社会に開かれた教育課程を実現する新しい学校像の模索など。切れ間なく提起される諸政策を一見すると，学校や教師にとって混迷の時代に突入しているようにも感じられます。

　しかし，それは見方を変えれば，教師や学校が築き上げてきた地道な教育実践を土台にしながら，これまでの取組みやボーダーを超え，新たな教育を生み出す可能性を大いに秘めたイノベーティブな時代の到来ともいえるのではないでしょうか。教師の進むべき方向性を見定める正確なマップやコンパスがあれば，学校や教師の新たな地平を拓くことは十分に可能です。

　『新しい教職教育講座』は，教師を目指す学生や若手教員を意識したテキストシリーズであり，主に小中学校を対象とした「教職教育編」全13巻と，小学校を対象とした「教科教育編」全10巻から構成されています。

　世の中に教育，学校，教師に関する膨大な情報が溢れる時代にあって，学生や若手教員が基礎的知識や最新情報を集め整理することは容易ではありません。そこで，本シリーズでは，2017（平成29）年に告示された新学習指導要領や，今後の教員養成で重要な役割を果たす教職課程コアカリキュラムにも対応した基礎的知識や最新事情を，平易な表現でコンパクトに整理することに心がけました。

　また，各巻は，13章程度の構成とし，大学の授業での活用のしやすさに配慮するとともに，学習者の主体的な学びを促す工夫も加えています。難解で複雑な内容をやさしく解説しながら，教職を学ぶ学習者には格好のシリーズとなっています。同時に，経験豊かな教員にとっても，理論と実践をつなげながら，自身の教育実践を問い直し意味づけていくための視点が多く含まれた読み応えのある内容となっています。

　本シリーズが，教育，学校，教職，そして子どもたちの未来と可能性を信じながら，学校の新たな地平を拓いていこうとする教師にとって，今後の方向性を見定めるマップやコンパスとしての役割を果たしていくことができれば幸いです。

監修　原　　清　治（佛教大学）

春日井敏之（立命館大学）

篠　原　正　典（佛教大学）

森　田　真　樹（立命館大学）

は じ め に

　本書のタイトルにある「教育課程」とは，学校全体の教育計画のことである。学校では，教科の時間だけではなく，学校行事や「総合的な学習の時間」など，さまざまな教育活動が行われている。学校・教師は，これらが子どもの中でうまくつながるように構成している。たとえば，ある小学校では，5年生の2月に「総合的な学習の時間」の防災の学習で子どもたちが発表するので，1月にオリジナル教科の時間でプレゼンの方法を学ぶ。また，3月には社会科で，自然災害の知識と関連づけながら防災について学んでいる。

　このように，学校全体の教育活動について，何のために，何を，いつ，どのような順序で，どのように教えるかを考えることが，教育課程編成である。

　この教育課程編成の主体は各学校にある。学習指導要領という国の基準があるとはいえ，子どもや学校の実態に即したオリジナルな教育課程を創造できる。

　本書のもう一つのキーワードである教育評価は，教育課程編成の軸である。教育課程によって育みたい子どもの姿がどこまで実現されて，どこは実現できなかったのかを評価することで，教育課程の問題点が見つかり，その後の教育課程の改善へとつなげていける。評価は教育課程改善の羅針盤なのである。

　本書は，教育課程と教育評価に関して，基礎知識を提供し，考えるきっかけをつくるために作成したものである。そのために，次の三つの内容を設けた。

　一つ目は，教育課程の枠組みである（第1章から第5章）。教育課程とは何であり，教科・特別活動（学校行事など）・「総合的な学習の時間」における教育課程編成のポイントは何なのか，第二次世界大戦後の教育課程の変遷において何が論点になり，どのような実践が展開されてきたのかを論じている。

　二つ目は，2017（平成29）年告示の新学習指導要領（本書では2017年告示の学習指導要領を新学習指導要領と呼ぶ）の特徴と，それを教育課程にいかに生かすか，である（第6章から第9章）。新学習指導要領のキーワードである「社会に開か

i

れた教育課程」や，資質・能力を育む教育課程をどうつくるべきかを検討している。とくに，資質・能力のうち，現代的な諸課題に対応して求められる「主権者として求められる資質・能力」と，教科を超えたすべての学習の基盤となる資質・能力である「言語能力」を取り上げている。

　三つ目は，教育評価である（第10章から第14章）。子どもの学力を見取る学力評価，カリキュラムや学校を評価するカリキュラム評価と学校評価，カリキュラムを計画・実施・評価・改善するカリキュラム・マネジメント，学校種間の接続・入試と，多様なレベルの教育評価に関する問題を分析している。

　編集に際しては，初学者も理解できるよう，学校の実践例を豊富に取り入れ，わかりやすい本を目指した。さらには，学校の先生や大学院生，研究者が読んでも発見があるよう，各テーマの論点を押さえ，研究的な深まりを追究した。

　本書の執筆陣は皆，編者の一人である田中耕治先生のもと，京都大学の教育方法研究室でともに学んだ。同窓生で本書を世に送り出せたことを光栄に思う。

　本書の出版に際しては，ミネルヴァ書房殿と，編集ご担当の神谷透氏，秋道さよみ氏に大変お世話になりました。この場を借りて厚くお礼申し上げます。

編者代表　細尾萌子

目　次

は じ め に

第 1 章　教育課程とは ……………………………………………… 1

　1　教育課程（カリキュラム）とは何か ……………………………… 1

　2　教育課程編成をめぐる論点 ………………………………………… 5

　3　学習指導要領の基本構造 …………………………………………… 9

　4　教育課程と社会システム …………………………………………… 12

第 2 章　教科の教育課程 …………………………………………… 16

　1　国が計画する教育課程 ……………………………………………… 16

　2　教師が設計する教育課程 …………………………………………… 21

　3　児童と教科のカリキュラム ………………………………………… 26

第 3 章　総合学習の教育課程 ……………………………………… 31

　1　戦後初期総合学習の登場と教育課程改造（1950年代） ………… 31

　2　教育課程に総合学習は必要か（1970年代） ……………………… 34

　3　総合学習で育まれる「学力」とは（1990年代） ………………… 38

　4　教育課程における総合学習の役割 ………………………………… 42

第 4 章　特別活動の教育課程 ……………………………………… 46

　1　学校教育における特別活動の位置づけ …………………………… 46

　2　自主性を育む学校行事のあり方 …………………………………… 51

　3　これからの特別活動の展望 ………………………………………… 55

第 5 章　戦後の教育課程の変遷 …………………………………… 61

　1　学力問題と学習指導要領の変遷 …………………………………… 61

iii

2 経験主義の教育課程の特徴と論点 ………………………………… 66

3 教科主義（系統主義）の教育課程の特徴と論点 ………………… 69

4 ゆとり教育政策の特徴と批判 …………………………………… 73

5 PISA 問題と資質・能力の重視へ ……………………………… 75

第 6 章　2008年以降の教育課程の枠組み ………………………………… 80

1 2008年の学習指導要領改訂 …………………………………… 80

2 2015年の学習指導要領一部修正 ……………………………… 81

3 2017年の学習指導要領改訂 …………………………………… 83

4 小学校の教育課程の実践例 …………………………………… 89

第 7 章　資質・能力の育成と教育課程 …………………………………… 95

1 戦後日本における学力論の展開 ………………………………… 95

2 諸外国における資質・能力論 …………………………………… 98

3 日本における資質・能力論と教育課程 ………………………… 102

4 質の高い学びをもたらす教育課程実践 ………………………… 105

第 8 章　主権者を育てる教育課程 ………………………………………… 110

1 主権者を育てる教育とは何か …………………………………… 110

2 学習指導要領における主権者教育 ……………………………… 112

3 指導事例の検討 ………………………………………………… 115

4 主権者教育を進める際の留意点 ………………………………… 117

5 充実した実践に向けて …………………………………………… 120

第 9 章　言語能力を育む教育課程 ………………………………………… 124

1 PISA ショック以降の言語に関する提言の動向 ……………… 124

2 2017年改訂学習指導要領における言語に関する提言 ………… 128

3 思考と言語の関係 ……………………………………………… 130
　　──言語が果たす役割

目　次

4 経験と言語の関係 ………………………………………………………… 132
　　　　──言語が果たせない役割

5 教育課程全体で言語能力を育てる ……………………………………… 136

第10章　教育評価とは何か ……………………………………………… 139
　　　　──学力評価を中心に

1 教育評価の目的 …………………………………………………………… 139

2 教育評価の立場の違い …………………………………………………… 142

3 「目標に準拠した評価」の充実に向けた動き ………………………… 147

4 指導要録のもとでの学力評価の工夫 ………………………………… 149

5 学力評価をめぐる論点 …………………………………………………… 151

第11章　資質・能力の形成を支える評価 ……………………………… 154

1 「真正の評価」論への注目 ……………………………………………… 154

2 パフォーマンス評価 ……………………………………………………… 156

3 ポートフォリオ評価 ……………………………………………………… 159

4 実践上の課題 ……………………………………………………………… 161

第12章　カリキュラム評価と学校評価 ………………………………… 168

1 カリキュラム評価とは何か ……………………………………………… 168

2 カリキュラム評価のアプローチ ………………………………………… 172

3 学校評価とは何か ………………………………………………………… 175

4 京都市立高倉小学校におけるカリキュラム評価と学校評価 ………… 178

第13章　カリキュラム・マネジメント ………………………………… 183

1 学習指導要領におけるカリキュラム・マネジメント ………………… 183

2 マネジメントの主体 ……………………………………………………… 188
　　　　──教職員は何をすべきか

3 カリキュラム・マネジメントの実践に向けて ………………………… 193

v

第14章　学校種間の接続と入試 ……………………………………198

  1　学校種間の接続に関わる諸問題 ………………………………198

  2　入試に関わる諸問題 ………………………………………………202

  3　接続の現代的課題と大学入試改革 ……………………………205

  4　国際バカロレア …………………………………………………208

索　　引

第1章 教育課程とは

この章で学ぶこと

　特色ある学校づくりやカリキュラム・マネジメントの強調に示されるように，教育課程をつくる教師の力量が重要になってきている。この章では，教育課程の定義や教育課程編成における基本的な問題や論点を学んでもらう。はじめに，教育課程の定義を確認すると同時に，教育課程編成の基本問題について説明する。次に，教育課程編成をめぐる理論的・歴史的な論点をいくつか提示した。続いて，教育課程の基準として日本で扱われている学習指導要領について，その問題点も含め，示している。最後に，教育課程を通じて学校が果たしている社会的役割・機能について「社会・文化的再生産」と「スタンダードに基づく教育改革」を取り上げ，現代的課題を示した。

1　教育課程（カリキュラム）とは何か

（1）「教育計画」としての教育課程

　教育課程という用語は，英語の「カリキュラム」（Curriculum）を原語としている。カリキュラムの語源は，ラテン語の「Currere」（クレーレ）といわれ，その意味は「走ること」「走路・道程」「競走場」「人生の行路」にある。そこから転じて，16世紀頃からヨーロッパの大学において，一定の課程を学生が修了したことを表す用語としてカリキュラムが使用されるようになった（日本カリキュラム学会，2001）。

　日本において「カリキュラム」の訳語として「教育課程」が使用されるようになったのは戦後である。それまでは，「教科課程」（小学校）や「学科課程」（中等学校・専門学校）という訳語が用いられていた。戦後，「教育課程」という

用語が用いられるようになった理由は，教育改革の中で，教科学習に加え，教科外の様々な活動（学校行事や学級活動，生徒会活動，部活動など）が，学校での教育活動に加わったからである。「教育課程」という用語は，1950（昭和25）年の学校教育法施行規則の一部改定の中で登場し，その後，行政の統一用語として用いられるようになった。

　先のような歴史的経緯もあり，戦後初期の日本の教育現場では，「教育課程」という用語よりも，むしろ「カリキュラム」という言葉が用いられることが多かった。たとえば，戦後初期に広がった各地の教育課程開発は，「カリキュラム改造運動」と呼ばれ，アメリカの進歩主義教育の影響を受けながら，独自のカリキュラムを生み出した。なかでも，子どもの生活を中心とする「桜田プラン」（東京都の桜田小学校）や，地域を捉える埼玉県川口市での「川口プラン」，広島県本郷市の「本郷プラン」などが広く知られている。

　「カリキュラム改造運動」の中で開発されたカリキュラムの名称（〇〇プラン）が示すように，当時，それは「プラン」や「プログラム」，すなわち学校で教えられる教育内容の全体計画と理解されていたといえる。そして，そうした捉え方は，「教育課程」という用語を使用していた行政側にも共通していた。教育課程の「手引き」あるいは「基準」として示された学習指導要領は，学校教育の教育目標や内容，授業時間数を定めた公的な「教育計画」として捉えられていた（佐藤，1996）。

　こうした「教育計画」としての意味合いは，今日においても「教育課程」概念の核をなしており，それは，学校教育の目的・目標を達成するために，様々な文化的諸領域から選択した教育内容を，子どもの心身の発達に応じて，また授業時数との関連において，体系化した教育活動の全体計画を意味する。

（2）「学習経験の総体」としての教育課程

　近年，「教育課程」の概念を「教育計画」の立案のみならず，その実施や評価までをも含めた意味へと拡張して捉えようとする動きもある。たとえば，カリキュラムを「教師が組織し子どもたちが体験している学びの経験（履歴）」

と捉える佐藤学の主張は，その典型である。佐藤によれば，「CV」（Curriculum Vitae）が「履歴書」を意味するように，教育課程の語源であるカリキュラムには「体験」や「経験」といった意味が含まれている。そうした語義と関連して，欧米のカリキュラム研究では，「教育計画」の立案としてカリキュラムを捉えるだけでなく，それが，実際に子どもにどのような学習経験をもたらしているのか，あるいは実際に子どもが学校で学んでいることは何なのかが追究されてきた（佐藤，1996）。

　1970年代，そうしたカリキュラム研究の中で注目を集めるようになったのが，「隠れたカリキュラム」（ヒドゥン・カリキュラム）である（安彦，1999）。子どもが学校で実際に学び，身につけていくものの中には，意図的に計画され，学習されたものと無意図的に学習されていくものがある。たとえば，国語の時間に漢字を学んだり，音楽の時間に笛の吹き方を習うことで身につく知識や技能は前者であり，チャイムが鳴ったら着席することや自分のもち物を整理・整頓することなどは後者にあたる。「隠れたカリキュラム」の研究は，後者の学習経験に着目するものであった。現在，カリキュラム研究の分野では，意図的・明示的に組織された「教育計画」としての教育課程を「顕在的カリキュラム」，無意図的・暗黙的な人間形成の機能をも含む学校での学習経験を「潜在的カリキュラム」や「隠れたカリキュラム」として区別するようになっている。

　「隠れたカリキュラム」によって明らかにされたのは，学校や教師によって意図的に組織された教育課程に沿った学習活動とは別に，子どもは，学校生活の中で，自らの生活経験や学校文化，教師の振る舞い，仲間との関係などを媒介に，一人ひとりが異なる学習経験を得ているという事実であった。そして，そうした無意図的な学校や教師の振る舞いや働きかけの中に，社会の支配的イデオロギーや特定の価値観が隠されていることを指摘するものであった。家庭科が女子の必修科目として位置づけられてきたことで，子どもたちが固定化した性別役割分業を学んでいたことなどは，その典型例である。

　こうした欧米でのカリキュラム研究の成果や問題意識に学び，日本でも1970年代頃から教育課程を「学習経験の総体」として理解する動きが広がってきて

いる。「教育計画」から「学習経験の総体」へと概念が拡張される中で，「教育計画」が実施される場である教室の環境やそこでの教師の振る舞い，あるいは子ども一人ひとりの学習経験の違いなど，教育課程の計画だけでなく，その実施や評価を含む活動が，教育課程研究の対象となってきている。

（3）教育課程の3つの次元と教育課程編成の基本問題

近年の教育課程概念の拡張を踏まえるならば，IEA（The International Association for the Evaluation of Educational Achievement；国際教育到達度評価学会）が指摘するように，教育課程には少なくとも次のような3つの次元が存在すると考えられる（国立教育研究所，1998）。一つ目は，学習指導要領のような国の教育課程の基準として示される「意図したカリキュラム」である。二つ目は，それに基づきながら，学校や教師によって編成され，実践される「実施したカリキュラム」である。そして，3つ目は，子どもたちが実際に学んだ内容にあたる「達成したカリキュラム」である。教育課程編成の問題は，これら三つの次元に関わっており，その基本問題は，次のように示されるだろう。

一つ目は，子どもの成長と発達に必要な教育内容とはどのようなものか，という問題である。どのような文化内容を共通に学ぶべき教育内容とするのか，どのような能力や資質が将来の社会を担う子どもにとって必要となるのか，教育課程の共通性をめぐる問いが存在する。日本においては，教育課程の基準として示されている学習指導要領の内容をめぐる議論がこの問題にあたる。

二つ目は，子どもの成長と発達に必要な教育内容をどのように組織・編成するのか，という問題である。教育課程編成の中心的課題は，子どもの発達要求に配慮しながら，教育内容や教材を計画的に組織することにある。そうした教育課程の編成原理についての問いが二つ目の課題である。

三つ目として，上記のことと関連し，教育課程の編成を誰が担うのか，という問題がある。教育課程の編成主体は，学校や教師であることは間違いない。しかしながら，日本の学習指導要領のような教育課程の国家的「基準」と教師の自主的・創造的な教育課程編成の関係は，時に対立しており，教育課程の編

成主体のあり方や権限の所在に関わる問題が存在する。

　四つ目は，カリキュラム・マネジメントと呼ばれる課題である。学校現場では，教育課程を立案するだけでなく，それを実現可能な計画へとマネジメントしていくために，時間や情報，人的資源，物的資源，財源などを整備する必要がある。また，よりよい教育課程編成を目指し，教育課程を評価し，改善していく必要もある。そうした PDCA（Plan-Do-Check-Action）サイクルと呼ばれるカリキュラム・マネジメントのための組織体制づくりが，四つ目の課題として存在する（第13章を参照）。

2　教育課程編成をめぐる論点

（1）文化からの教育内容の選択

　教育課程編成においては，子どもたちが共通に学ぶ必要のある文化とは何かが常に問われることになる。近年の「リテラシー」をめぐる議論は，そうした教育課程の共通性とは何かを問うものであった。

　「リテラシー」は，もともと「識字能力」や「文字の読み書き能力」を表すものであった。しかし，近年では，「生きるための知識と技能」という OECD（Organisation for Economic Co-operation and Development；経済協力開発機構）の PISA 調査のリテラシー概念に示されるように，現代社会において生きていくために必要な文化的知識や技能を表す言葉として，その意味が拡張されている。たとえば，アメリカの英文学者ハーシュは，アメリカ国民が共有すべき文化的な知識を「文化的リテラシー」として提唱した（谷川，2002）。「プロテスタントの労働倫理」「ボヴァリー夫人」「できるうちに薔薇の蕾を集めておけ（詩句）」など，5000 にわたる人名や地名，歴史的事件，レトリックや科学用語などを「国民的共通語彙」としてリストアップし，いわばすべてのアメリカ国民が身につけるべき共通教養を「文化的リテラシー」として示したのである。

　しかしながら，ハーシュの「文化的リテラシー」は，「WASP（アングロ＝サクソン系の白人で，宗教はプロテスタントに属する人々という意味）」の文化を中心

に構想されており，それへの同化を強いる「文化的覇権主義」であるとの批判にさらされることになる。この批判が表すように，社会における支配的な文化を拠り所に，共通性を志向すると，それは権力性を帯びた文化的同化を迫るものとなってしまう。大切なのは，共通文化を安易に想定するのではなく，様々な文化が存在することを前提にしたうえで，それでもなお私たちが共有していくべき文化や価値を議論する姿勢である。そうした教育の公共性を問う議論と教育課程編成は結びつけられ，展開される必要がある。

（2）系統主義と経験主義

　文化から選び取られた教育内容を教育課程として編成していくための視点として，スコープとシーケンスという用語が，欧米のカリキュラム研究の中で提唱されてきた。スコープとは教育内容の区分を意味し，「領域」や「範囲」と訳されるものであり，シーケンスとは子どもの発達段階や興味・関心に基づき，教育内容を順序立てることを意味し，「系列」や「排列・配列」と訳されるものである。この2つの用語は，後述する経験主義のカリキュラム開発の中で提唱された視点であったが，現在では，カリキュラム開発の一般的な用語として使用されている。

　教育課程の編成論をめぐる歴史をたどると，以上のような教育内容の区分と系列化には，大きくは系統主義と経験主義，あるいは「教育と科学の結合」と「教育と生活の結合」の2つの立場が存在する。前者の系統主義は，科学や芸術に代表される文化遺産を系統的に教えることを重視する立場であり，「教科」を単位とする教育課程として開発されてきた。これに対して，後者の経験主義は子どもの興味・関心や生活経験から出発し，その再構成を重視する立場である。経験主義のカリキュラム開発において重視されてきたのは，「教科」ではなく，「主題（課題）」であり，現実生活や社会の中に存在する問題を対象とする学習経験を組織することであった。

　教育課程編成の歴史は，系統主義と経験主義の立場を振り子のように往復してきた。この歴史が示すように，2つの立場は，互いの教育課程のあり方を見

第1章　教育課程とは

直す視点を提供することで，教育課程を理論的，実践的に鍛え直してきたと捉えることができる（第5章参照）。

（3）工学的接近と羅生門的接近

　教育課程編成の代表的な方法論の一つに，アメリカの教育学者タイラーによって1940年代に提唱されたタイラー原理がある。その特徴は，教育課程編成の中心に教育目標を据え，その達成を目指す教育内容の組織化・構造化を行うと同時に，その目標に照らし合わせ，教育課程を評価することにあった。つまり，タイラー原理は，教育課程編成を教育目標の達成のための地図や設計図を描く営みとして捉えるものであった。

　1970年代に入ると，タイラー原理に対して疑問が投げかけられることになる。たとえば，アイスナーはタイラー原理を工場モデルと批判し，自動車を組み立てるかのように人間の行動を要素化し，それを効率的に訓練することを通じて画一的な目標へと到達させようとするものだと主張した。学習者に生じる変化のすべてをあらかじめ行動目標として教育目標化し，その達成を教育プロセスとみなすならば，教育目標として設定されていない価値ある学習経験を見落とすことになり，創造的な学習への道を閉ざしてしまうというのである（佐藤，1996）。

　タイラーとアイスナーの考え方の違いは，文部省（当時）が1974（昭和49）年にOECDと協力して開催した国際セミナーでアトキンらによって提唱された「工学的接近」と「羅生門的接近」の対比として示すことができる（文部省，1975）。「工学的接近」では，明確な教育目標を設定し，それを実現する教育課程を編成すること，そして目標が実現できたかどうかによって評価することが重視される。これに対して「羅生門的接近」で重視されるのは，子どもと教師，子ども同士の対話によって即興的に授業を展開していくことであり，評価においても様々な視点から「目標にとらわれない評価」が推奨される。

　両者は，教育課程編成における異なるモデルを提示している。「工学的接近」では，教育課程の計画・実施・評価の一貫性が追究されているのに対して，「羅生門的接近」では，子どもの学習のダイナミックさと多様さを促す創造的

な教育実践を可能とする教育課程のあり方が提起されている。2つの接近法を
いかに相補的に関連させていくのか，そこに教育課程編成の課題がある。

（4）課程主義と年数（年齢）主義

　教育課程の履修原理には，大きく分けて「年数（年齢）主義」と「課程主
義」という2つの立場がある。「年数主義」とは，決められた年数の間，所定
の教育課程を履修することのみを修了の条件とする立場である。この履修原理
のもとで重視されているのは，一定の期間，学校に在籍し，学習することであ
り，定められた教育課程をすべて履修する，あるいは修得することは求められ
ない。これに対して「課程主義」とは，定められたカリキュラムを履修するだ
けでなく，学習者がその内容を修得することを修了の条件とするものである。

　「年数主義」の考え方は，産業革命後のイギリスにおいて広がった悲惨で長
時間の児童労働から子どもたちを保護する目的で立法された工場法に，その起
源をもつ。一定期間，子どもを学校に通わせることで，子どもを守り，子ども
の成長・発達を保障しようとしたのである。この歴史的性格に示されるように，
それは子どもの学習権や教育を受ける権利を保障するための措置であった（梅
根，1956）。しかし，現在，「年数主義」に基づく教育課程の履修が，自動的と
もいえる進級や卒業へと変貌し，十分な学力を保障されないまま，学校教育を
終えてしまう子どもの実態がある。「年数主義」がもっていた子どもの権利保
障の思想を受け継ぎつつ，それを発展させるために，2つの履修原理をどのよ
うに関係づけていくか，履修原理のあり方が模索されている。

（5）教育課程の国家的基準と教師の教育課程編成

　今日では，多くの国々で「ナショナル・カリキュラム」と呼ばれる教育課程
の国家的基準が存在する。しかしながら，その拘束力の強さは，様々である。
たとえば，学校でのカリキュラム開発を伝統的に尊重してきたイギリスでは，
1980年代にナショナル・カリキュラムが設置されたが，今日でも，ナショナ
ル・カリキュラムに基づかなければならないカリキュラムの割合は50％に制限

され，残りは各学校での開発が推奨されている。

　日本においても，初めて作成された1947（昭和22）年の学習指導要領は，戦前・戦中の教育に対する反省に基づき，教育課程編成における教師の自主性・主体性を奨励するものであった。そこでは，学習指導要領は「試案」とされ，「教師自身が自分で研究していく「手びき」として，またそれをどのように生かしていくかは，教育実践を担う教師一人ひとりの責任とする立場がとられていた。

　しかし，1958（昭和33）年の学習指導要領の改訂を機に，「試案」の文字は削除され，教育課程の国家的基準を定める「告示」文書となっていく。国は，学習指導要領に法的拘束力をもたせ，その基準性を強めようとしたのである。これに対して，法的拘束力が強められると，教育実践の主体である学校や教師の自主的で創造的な教育課程の編成が妨げられることになりかねないとの批判が出された。当時の日本教職員組合によって取り組まれた教育課程の自主編成運動は，そうした批判に基づくものであった。

　イギリスの事例や学習指導要領の歴史的経緯から示されるように，教育課程の編成主体は学校や教師にあることは間違いない。しかしながら，国の教育水準を一定に保ち，調和のとれた適切な教育課程を担保するためには，国としての基準が必要であることも事実である。学校や教師の自主的で創造的な教育課程編成を妨げない，教育課程の基準のあり方が常に問われなければならない。

3　学習指導要領の基本構造

（1）教育課程の「大綱的基準」としての学習指導要領

　教育課程の編成主体は学校や教師にあるが，日本では，どの地域において教育を受けても一定の水準の教育を受けられるように，学校教育法（第33条，48条，52条）および学校教育法施行規則（第52条，74条，84条）に基づき，「教育課程の基準」として学習指導要領が定められている。そこでは，小学校，中学校，高等学校等ごとに，各教科等の目標や大綱的な教育内容が定められている。

　学習指導要領の歴史的変遷が示すように，教育課程の国家的基準としての性

格をめぐっては，今なおその解釈に対立もある。しかし，1998（平成10）年の学習指導要領の改訂に際して，各学校の創意工夫に基づき特色ある学校づくりが推奨されたことと関連し，その基準性は「大綱的基準」とみなすことが一般的となってきている。各学校では，教育課程を編成する際の「大綱的基準」として学習指導要領を参照し，学校や地域，子どもたちの実態に即した教育課程の編成を行うと同時に，各学校で編成した特色ある教育課程を実施するための人的資源，物的資源，財源の整備，その評価と改善のためのカリキュラム・マネジメントを実現することで，教育課程の編成主体としての役割と責任を果たす必要がある。

（2）学習指導要領における教育内容

　戦後，初めて作成された学習指導要領は，従来の「教科課程」と同様，教科のみによって構成されていた。その後，1951（昭和26）年には「教科以外の活動（特別活動）」が，1958年には「道徳」，1998年には「総合的な学習の時間」が加わり，2008（平成20）年の改訂に際しては，小学校において「外国語活動」（5・6年生）が新たに導入された。さらに，2015（平成27）年の一部改訂では，小中学校で「道徳」が「特別の教科　道徳」と変更された。2017（平成29）年告示の新学習指導要領では，小学校の教科として「外国語科」（5・6年生）が新設され，「外国語活動」は3・4年生に移行された。現在，その章構成が示すように，小学校では「各教科」「総合的な学習」「外国語活動」「特別の教科道徳」「特別活動」の5領域が，中学校では「外国語活動」を除く4領域が，高校では「各教科」「総合的な学習」「特別活動」の3領域が，教育内容の区分として設けられ，それぞれ独自の目標と内容が示されている（第5章，6章を参照）。

　しかしながら，教育課程の領域論という観点からみると，そこには「ゆがみ」や「ねじれ」がうかがわれる。たとえば，2008年の「外国語活動」，そして，2017年の「外国語科」のあいつぐ新設は，学校現場に大きな負担をもたらしている。5・6年生で「外国語科」が週2時間，3・4年生で「外国語活動」が週1時間，新たに加わることで，4年生以上の学年での授業時間数は，週28

時間を越え，授業時間の確保が難しくなる。そのため「外国語科」や「外国語活動」は，10〜15分の「短時間学習」（帯学習，モジュール学習）や，夏休みや冬休みでの対応，土曜日の活用などが提案されている。また，入門期の外国語教育は難しく，高い専門性が要求されるにもかかわらず，ALT（Assistant Language Teacher；外国語指導助手）の確保や研修機会の提供等の条件整備が不十分なまま進められており，そうした状況に教員からは不安や批判の声も出ている（瀧口，2017）。

「特別の教科」という位置づけを与えられた「道徳」については，本来，知識や技能に具体化される文化財を学ぶ「陶冶」ではなく，価値観や道徳観を学ぶ「訓育」を担う教育活動であるため，領域論としては「教科外」に位置づくことが一般的である。にもかかわらず，道徳の教科化を望む政治的な意見やいじめ問題などへの対応を理由に「特別の教科」への変更がなされた。その結果，道徳の評価に代表される困難な問題を学校現場にもたらしている（佐貫，2017）。

社会の変化に対応し，教育問題を解決するために教育課程を刷新することは大切なことである。しかしながら，そのために行われた新しい教育内容の導入や教科の新設が，以上のような「ゆがみ」や「ねじれ」を教育課程編成にもたらし，新たな実践上の困難を生み出している事実も見つめる必要がある。

（3）義務教育の役割と履修原理

第二次世界大戦後，日本では新たに六・三制に基づく義務教育制度がつくられた。そこでは「平素の成績を評価して」進級や卒業を認定すること，中学校の入学にあたっては小学校の課程を修了することが必要とされ，修得が十分でないと認められる時には，原級留置も可能となっている。ここには「課程主義」の考え方をみてとれる。他方で，就学義務の期間は満15歳までの9年間と定められており，その点では「年数主義」の考え方が採られている。つまり，教育課程の履修原理としては，「課程主義」と「年数主義」の両方の考え方が示されていると解釈できる。しかし，その実態としては，教育内容の修得状況にかかわらず，ほぼ自動的に進級・卒業が行われており，「年数主義」に則っ

ているといえる（文部科学省法規研究会，2002）。

　こうした「年数主義」のもとで問題となってきているのが，学力保障である。教育内容の修得が問われない「年数主義」では，たとえばかけ算の九九を修得していなくとも，中学校に進学することができる。子どもの学習権・教育を受ける権利を実質的に保障するためには，年数による形式的な機会の保障だけでは不十分であり，学力を実質的に保障しうる履修原理が求められる。この点において，学習評価のあり方が「相対評価」から「目標に準拠した評価」へと2001年度から変更されたことは重要である（「目標に準拠した評価」については第10章を参照）。なぜなら集団の中での位置（順位）ではなく，「目標」に到達しているかどうかを評価規準として評価することになったからである。教育課程として編成された教育内容の修得を確認する機会として学習評価が位置づけられたことは，学力を実質的に保障する学校教育へと一歩近づいたことを意味する。

4　教育課程と社会システム

（1）社会・文化的再生産と教育課程

　子どもは，自らを成長・発達させるために必要な教育を受け，学習する権利を基本的人権としてもつ。日本では，この学習権を日本国憲法第26条の「教育を受ける権利」として保障している。教育課程とは，将来の社会を担う子どもたちが必要とする知識や技能を組織・編成し，その学習機会をすべての子どもに保障することで，そうした学習権・教育を受ける権利を保障する役割を担っているということができる。

　しかしながら，教育の社会学的研究によれば，教育課程は，必ずしもすべての子どもに学力を保障する機能を果たしているとはいえない。むしろ子どもたちを選別する，あるいは子どもたちの間に格差を生み出す機能を果たしている可能性すらある。たとえば，子どもたちの間に生まれる学力差と，各子どもの家庭がもつ経済的豊かさや文化とが密接に関連していることが明らかにされている。この相関関係の原因については，様々な理由が考えられるが，教育課程

第 1 章　教育課程とは

に関連する問題として指摘されてきたことの一つは，教育課程として編成されている教育内容と家庭文化との親和性という問題である。

人種問題や階級問題に関心が高い欧米では，人種・民族文化や階級文化と子どもたちの学力獲得の相関関係が研究されてきた。家庭で使われている言葉に着目し，家庭での文化の違いが子どもの学力獲得に与える影響を考察したイギリスの社会学者バーンスティンの研究や，「文化資本」という概念を使い，学校教育が社会階層や文化の再生産に寄与している可能性を指摘したフランスの社会学者ブルデューの研究はその代表例である。

たとえば，ブルデューは，親から子どもへと受け継がれる文化（家庭でのマナーや言葉使い，所持されている書物や聞かれている音楽など）を「文化資本」と名づけ，教育内容と親和性の高い「文化資本」をもつ家庭で育った子どもが，学校で成功しやすいことを指摘した。つまり，学校の教育課程が文化的に無色透明ではないこと，むしろ特定の社会階層や階級に親和的であることを指摘することで，学校教育が社会階級や階層を再生産する，あるいは固定化する機能を果たしていることを明らかにしたのである（ブルデュー，1991）。

その一方で，近年では，再生産という鎖を断ち切る学校の機能についても目が向けられはじめている。社会階層の違いや貧困といった社会的要因に由来すると考えられる学力格差を克服している学校を「効果のある学校」と呼び，そうした学校でのカリキュラムや授業実践を分析することで再生産という鎖を断ち切る学校像を模索する研究がある（志水，2011）。また，非認知能力といわれる「やりぬく力」や「自制心」などを育むことで格差に挑もうとしている学校も現在では生まれてきている（ポール，2017）。学校教育のもつ社会的・文化的再生産の機能を認識すると同時に，それに立ち向かう教育実践を継承し，発展させる取組みが望まれる。

（2）スタンダードとアカウンタビリティ

1980年代以降，アメリカやイギリスといった欧米諸国では，スタンダードに基づく教育改革が進行している。それは，公教育を通じて子どもに身につけさ

13

せたい知識や技能を明確にし，それを「スタンダード（到達水準）」として具体化すると同時に，その達成を学校の責務，すなわち「アカウンタビリティ（説明責任）」として担わせ，その検証を共通テストによって行う教育システムの構築を目指している。日本においても，全国学力・学習状況調査の導入以降，こうした教育改革の波が広がってきている。

「No Child Left Behind」（一人の子どもも置き去りにしない）というアメリカでの法案名が示すように，こうした教育改革は，すべての子どもの学力保障を目指す側面をもっている。しかしながら，それが学校現場にもたらしたのは，授業をテストの準備のための学習へと変貌させたり，テストで出題されない教科の軽視を招いたりと，学力保障とは逆の事態であったことが指摘されている。また，同様の改革を行ったイギリスにおいては，テストの結果のみを信頼し，それによって学校や教師の教育活動を評価する姿勢に対して，「教師を信頼しない改革」という声が学校現場から出され，教師の主体的で創造的な教育実践を奪うものとして批判された（阿部，2007）。

従来のスタンダードとアカウンタビリティによる教育改革の問題は，国が学校や教師に対して一方的に結果責任を要求する構造になっている点にある。スタンダードに基づく教育改革が目指した学力保障を実現していくためには，スタンダードとアカウンタビリティの新たな姿が模索されなければならない。教育課程編成の観点から，まず考えられなければならないのは，スタンダードの達成を学校に要求するだけでなく，そのために必要な条件や資源が十分に提供されているかどうかを問う視点をもつことであろう（石井，2011）。目の前の子どもたちに応答していく責任を教師が果たせるような条件整備なしに，子どもたちの学力保障や教師たちの創造的な教育課程編成の実現は望めない。

引用・参考文献
安彦忠彦（1999）『新版 カリキュラム研究入門』勁草書房。
阿部菜穂子（2007）『イギリス「教育改革」の教訓——「教育の市場化」は子どものためにならない』岩波ブックレット。
石井英真（2011）『現代アメリカにおける学力形成論の展開』東信堂。

第1章　教育課程とは

梅根悟（1956）「義務教育制度の二つの型——六・三制の歴史的意義について」『教育史研究』第2号，東洋館出版社。

国立教育研究所（1998）『小学校の算数教育・理科教育の国際比較——第3回国際数学・理科教育調査最終報告書』東洋館出版。

佐藤学（1996）『カリキュラムの批評』世織書房。

佐貫浩（2017）「特別の教科『道徳』の性格——私たちの対抗戦略を考える」『教育』10月号，かもがわ出版。

志水宏吉（2011）『格差をこえる学校づくり』大阪大学出版会。

瀧口優（2017）「小学校英語の教科化と現場の苦悩」『教育』4月号，かもがわ出版。

谷川とみ子（2002）「E. D. ハーシュの『文化的リテラシー』論に関する一考察：Core Knowledge Foundation の実践分析を通して」『教育方法学研究』第27巻。

日本カリキュラム学会（2001）『現代カリキュラム事典』ぎょうせい。

ブルデュー，P., パスロン，J.C., 宮島喬訳（1991）『再生産』藤原書店。

ポール・タフ（2017）『私たちは子どもに何ができるのか』英知出版。

文部科学省法規研究会（2002）「義務教育制度の構造（その9）就学義務の『終期』と『課程主義』」『週刊教育資料』745号，教育公論社。

文部省（1975）『カリキュラム開発の課題』。

学習の課題

(1) 自らの学校教育での経験を振り返り，例をあげながら「潜在的カリキュラム」について説明しなさい。

(2) 小学校の学習指導要領では，卑弥呼や雪舟，本居宣長などの42人の人物を例示して，歴史学習を行うことが推奨されている。42人の人物を調べ，例示されている人物についてのあなた自身の意見を述べなさい。

(3) 教育課程を通じて，学校教育が果たしている社会的格差や不平等の再生産という機能について，具体例をあげながら説明しなさい。

【さらに学びたい人のための図書】

田中耕治編著（2018）『よくわかる教育課程〔第2版〕』ミネルヴァ書房。
　　⇨教育課程に関連する理論や歴史が簡潔にまとめられた一冊。

グループ・ディダクティカ編（2000）『学びのためのカリキュラム論』勁草書房。
　　⇨カリキュラムに関わる最新の研究や問題が，多様な視点から論じられている。

佐藤学（1996）『カリキュラムの批評』世織書房。
　　⇨カリキュラムを本格的に研究しようとする方におすすめの専門書である。

（二宮衆一）

第2章　教科の教育課程

この章で学ぶこと

　この章では，算数・数学科を例に，教育課程の三つの次元（第1章参照）に基づいて，教科の教育課程編成について論じる。第一に，国が計画する教育課程に迫るため，学習指導要領や検定教科書を検討する。第二に，学校や教師による教育課程の編成に着目して，教育課程編成と教師の仕事の関係や，授業との関係という視点からまとめる。第三に，子どもに焦点を合わせ，子どもの学びに教科の教育課程が与える作用や，教育評価と教育課程の関係という視点から教科の教育課程を捉える。

1　国が計画する教育課程

（1）教科とは何か

　教科とは，教育目標を達するために必要な多面的な内容を，その性質によって分類し，いくつかのまとまりをつくったもの，である（文部省，1947）。現代の小学校では，教育課程の基準である小学校学習指導要領に教科の教育課程が示されている。

　小学校学習指導要領の目次を見ると，「前文」「第1章　総則」「第2章　各教科」「第3章　特別の教科　道徳」「第4章　外国語活動」「第5章　総合的な学習の時間」「第6章　特別活動」から構成されている。このうち，教科については「第2章　各教科」で説明されている。

　教科では系統的に組織化された文化内容を教授することで，子どもを知的に「陶冶」する点に主な意義がある（柴田，2003，228頁）。すなわち，学習者の才能や能力を育てることに教科教育の意義がある。これに対し，外国語活動や総

16

第2章　教科の教育課程

合的な学習の時間，特別活動は教科ではなく，教科外活動と呼ばれ区別されている（教科外活動の意義については第3章を参照）。この区別は，「教科」では，第一に，文部科学省の検定を経た教科書（教科用図書）が作成されている点，第二に，指導要録（公的な成績簿）における観点別評価や評定（第3学年以降）がつけられるという点，という教育制度上の違いとしてもあらわれる。

（2）算数科の教育課程

　より具体的に教科の教育課程を検討するために，小学校学習指導要領の算数科に着目する。「第1　目標」では，「数学的な見方・考え方を働かせ，数学的活動を通して，数学的に考える資質・能力を次のとおり育成することを目指す」という算数科全体の目標が示されている。そのうえで，次に示す3つの観点が示されている。

(1)　数量や図形などについての基礎的・基本的な概念や性質などを理解するとともに，日常の事象を数理的に処理する技能を身に付けるようにする。

(2)　日常の事象を数理的に捉え，見通しをもち筋道を立てて考察する力，基礎的・基本的な数量や図形の性質などを見いだし統合的・発展的に考察する力，数学的な表現を用いて事象を簡潔・明瞭・的確に表したり目的に応じて柔軟に表したりする力を養う。

(3)　数学的活動の楽しさや数学のよさに気付き，学習を振り返ってよりよく問題解決しようとする態度，算数で学んだことを生活や学習に活用しようとする態度を養う。

　このように，第一に，算数に関する知識や技能を身につけること，第二に，こうした知識や技能を活用して，日常の物事を算数的に捉え，論理的に考え，判断し，表現する力を育成すること，第三に，これらを主体的に行う態度を育成すること，という算数科の観点が示されている。

　小学校の6年間を一貫する教科目標が示された後，「第2　各学年の目標及

び内容」で，各学年の目標と学習内容が示される。算数では，その類似性によって，「Ａ　数と計算」「Ｂ　図形」「Ｃ　測定」（３年生まで。４年生から「Ｃ　変化と関係」）「Ｄ　データの活用」という４領域に内容が分けられている。

　一例として，第４学年で学ぶ，図形領域の単元「面積」に着目する。単元「面積」については，小学校学習指導要領では，知識及び技能について，「面積の単位〔平方センチメートル（cm^2），平方メートル（m^2），平方キロメートル（km^2）〕について知ること」と明記されている。また，思考力・判断力・表現力等については，「面積の単位や図形を構成する要素に着目し，図形の面積の求め方を考えるとともに，面積の単位とこれまでに学習した単位との関係を考察すること」，「正方形及び長方形の面積の計算による求め方について理解すること」と，面積の計算方法，単位間の関係，学ぶべき図形が内容として明記されている（文部科学省，2017a，62〜63頁）。

　このように，学習指導要領では，目標および内容，そしてどの学年で指導するのかという教育課程が大綱的に，すなわち，原則が示され，具体的な教育方法は教師が決定できる状態で示されている。教師は，法的に定められた学習指導要領を基準として教育課程を編成し，日々の授業を行うことになっている。

（３）『学習指導要領解説』に示される教育課程

　しかしながら，大綱的に示された学習指導要領だけを参照して，各教科の教育課程を編成することは容易でない。教師が教育課程を編成する際に参照する文書の一つとして，小学校学習指導要領解説 算数編があげられる。この解説では，学習指導要領の改訂が各教科でどのような意味をもつのかという点，内容の意味や指導上の留意点などがまとめられている。

　たとえば，第４学年の単元「面積」では，「正方形や長方形の面積の求め方を考えるとともに，面積の求め方を振り返り，効率的・能率的な求め方を探求し，公式として導き，導いた公式を活用する資質・能力が育成されることが大切である」（文部科学省，2017b）という指導の方針が示されている。単元「面積」の教育課程を編成する際には，効率や能率に着目して求め方を比べる時間

第 2 章　教科の教育課程

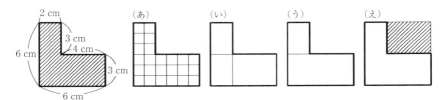

図 2-1　長方形を組み合わせた複合図形
出典：文部科学省（2017b）207頁。

や，公式を子どもが自ら導く時間，またこうした学習内容を使いこなす時間を取り入れる必要があることが示されている。

　指導例として，図 2-1 に示した複合図形の面積の求め方が示されている。これにより，図中（あ）のように，方眼によって求める方法や，（い）（う）のように図形を分割する方法，（え）のように図形を補って考える方法などを学ぶ。

　以上のように算数科では，第 4 学年の「面積」の単元で何を学ぶかが，国によって計画された教育課程（学習指導要領やその解説）に示されている。このことを起点に教科の教育課程を編成する際のポイントについて考える。

　一点目は，教科内容の系統性である。先の単元「面積」についても，「面積」の学習では，第 2 学年で学ぶ単元「長さ」が前提となる。縦や横の長さが測定できなければ，面積を計算できない。同様に，第 2 学年で学ぶ，正方形や長方形といった図形の性質への理解も必要となる。他方で，第 4 学年の単元「面積」は，第 5 学年で学ぶ三角形や平行四辺形，ひし形，台形などの図形の面積，さらには，第 6 学年の円の面積の前提となる。また体積を理解するためには，面積の概念が不可欠である。このように，一つひとつの単元は，次の学習への準備として，系統的に配置される必要がある。

　二点目は，学習者の思考の発達という点である。図 2-1 は，図形を既知の形に分割することができれば，面積を求めることができるという考え方を初めて学ぶ場面である。この考え方は，第 5 学年の単元「面積」で学ぶ三角形の面積を求める際にも用いる。すなわち，長方形を対角線で分割すれば，直角三角

19

形の面積が長方形の半分となる考え方に至ることができる。さらに，任意の三角形であっても，頂点からおろした垂線で分割して2つの直角三角形に分けることで面積を求めることができる。このように学習者が基礎的な内容で思考方法を学んだ後，それを後の学習へと活用する教育課程が解説されている。

　また，図2-1は，異なる解法でも同じ解答になることを学ぶ典型的な教材でもある。算数・数学科では，単一の解答が求められる問題が多く，いったん解答がわかると，同じ問題を通じて子どもが思考を深めることが容易ではなかった。そこで，このように解法が複数ある問題をオープン・アプローチの問題と位置づけ，多様な解法について教室で議論したり，解法のよしあしを判断したり，表現を洗練する力を身につけ，思考を深める授業が研究されてきた（島田，1978）。教科の教育課程やそれに基づく授業を実践する際，各教科教育研究の成果に学ぶことで，教師はよりよい教育を模索することができる。

（4）検定教科書における教育課程

　次に『解説』とともに，教師にとっても身近な教材である「検定教科書」を検討しよう。検定教科書は教科書出版社によって作成されている。これらの出版社は学習指導要領やその解説に基づいて，各教科の専門家を集め，教科書案を作成し，文部科学省の検定を受けている。ここでいう検定とは，端的にいえば文部科学省による内容のチェックである。

　その後，小・中学校の検定教科書は，適切な採択が行われるように都道府県教育委員会によって調査・研究される。この結果を踏まえ，市町村の教育委員会（複数の自治体で共同採択を行う場合もある），および国立学校の学校長は適切な教科書を採択する。こうして採択された小・中学校の教科書は教科書販売店を経て，各学校，児童生徒へと無償配布される。

　こうして教師や児童生徒の手元に届く教科書では，目次に当該学年で学ぶ単元が示されている。学習指導要領やその解説に示された内容が，最初のページから進めると，1学期から3学期にかけて順に進められるように配置されている。このように，教科書では学年の内容を，いつ学ぶのか，どのように学ぶの

第2章　教科の教育課程

かが具体的に示されている。

　この教科書について，学校教育法第34条で「小学校においては，文部科学大臣の検定を経た教科用図書又は文部科学省が著作の名義を有する教科用図書を使用しなければならない」と記され，中学校や義務教育学校にも準用されている。そのため教師は日々の授業において，教科書を教材として使用して授業を行う必要があるといえる。

　しかしながら，次の付帯事項が記されている点に注目したい「二　前項の教科用図書以外の図書その他の教材で，有益適切なものは，これを使用することができる」。このことは，児童生徒にとって有益・適切であり，『学習指導要領』に沿っている限りにおいて，教材を自由に選択できることを意味している。

2　教師が設計する教育課程

　次に，教師がどのように教科の教育課程を設計するのかを確認する。第一に，年間指導計画や1週間の指導計画である週案を教師は作成する。この教育課程は，子どもたちにとっては時間割として具体化されるものであると同時に，教師にとっては学校や教員集団の一員として作成する，いわば横との関わりをもった教育課程である。第二に，ある1単位時間（以下，1時間）の授業実践とその背後に広がる単元計画を教師は作成する。しばしば，この教育課程は，指導案として具体化されるものであり，各教科の中で前後の学年の単元や学校種を超えて，縦とのつながりの中で編成される教育課程である。

（1）各学校の教育課程

　子どもにとって身近な教育課程として，「時間割」があげられる。これは1日，あるいは1週間といった期間で，どの教科をいつ学習するのかが計画された教育課程である。この時間割は，どのようにして作成されているのか。たとえば，小学校の第6学年のある1週間の時間割を作成するとして，各教科は何時間指導されることになるのか。

表2-1　第6学年の各教科の授業時数

教　科	1998年改訂	2008年改訂	2017年改訂
国　　語	175	175	175
社　　会	100	105	105
算　　数	150	175	175
理　　科	95	105	105
音　　楽	50	50	50
図画工作	50	50	50
家　　庭	55	55	55
体　　育	90	90	90
外 国 語	なし	（外国語活動）	70

出典：文部科学省（2017c）をもとに筆者作成。

　学校における各学年の授業時間も，国レベルの教育課程で定められている。表2-1には，1998（平成10）年改訂から2017（平成29）年改訂までの第6学年の各教科の授業時数を示した。過去3回の学習指導要領の改訂でも，教科が変更されている点が指摘できる。2008（平成20）年に外国語活動の時間が教科外教育として新設されたのち，2017年には第5，第6学年については教科へと変更されている。このように，子どもが学習する教科は時代によって異なる。

　また，いわゆる「ゆとり」とされた1998年改訂からその見直しとなった2008年改訂にかけて社会科・算数科・理科の授業時間が増加し，これらの時間は2017年改訂でも維持されている。加えて，総授業時数は2008年改訂では980だったものが，「外国語」が2017年改訂で教科化されたことなどを受け，2017年改訂では1015へと増加している。

　こうした総授業時数を最低基準に，各学校は，学校長の責任の下で年間指導計画を作成することになる。各学校には，教育課程に関わる校務分掌を主に担当する教務主任や，その教師を中心とした教務部がしばしば組織される。教務部の教師は，学習指導要領や学校評価の結果，教育委員会の教育方針といった様々な要素を勘案したうえで，年間指導計画，各学年の指導計画，および，各教科の指導計画として学校の教育課程を作成する。

　個々の教師は，他の教師と協議しながら，こうして作成された学校の教育課程に沿って，自らが担当する教科や担任する学級の指導計画を作成する。とく

に週案については，学校長に提出することになっており，教師は日常的に教育課程を作成したり，見直したりすることになっている。このように，子どもにとって身近な時間割も，年間の指導計画の中に位置づき，同じ学年を担当する教師や教科担当の教師など多くの教師との調整のうえで作成された教科の教育課程である。

（2）授業と各教科の教育課程

　1時間の授業と教育課程の関係について検討する。1時間の授業の計画は学習指導案（以下，指導案）として表現される。教員養成課程で学ぶ学生は，指導案の書き方を学び，教育実習でも作成し，指導案に則って授業をする。また，教師も研究授業などの場面で指導案を作成する。

　指導案の書式は，各学校で異なる。しかしながら，単元名，授業者名，授業日，授業が行われる場所，教材観や児童観（生徒観），指導観点，単元目標，単元計画，授業を実践する時間（本時という）の目標，本時の展開，板書計画，といった要素から構成される点は共通している（本所，2017，131～132頁）。

　ここでは，単元目標や単元計画が記載される点に着目する。1時間の授業の内容は，単元での位置づけが明らかにならなければ定まらない。たとえば，第4学年の単元「面積」で再び考えてみよう。面積の考え方を初めて学習する授業では，面積の考え方の前提となる長さに関する理解，正方形といった図形に関する理解が確認される必要がある。他方で，長方形や正方形の面積を求める公式を学んだ後では，単元の学習が総括される必要がある。この2つの場面で当然授業は異なるのであり，1時間の授業は単元計画と密な関係にある。

　加えて，各単元にはつながりがある。そのため，1時間の授業は，単元の中はもちろん，学期や学年，学校種をまたいだ教育課程の中に位置づけられる。このように，教師は1回の授業であっても，教科の教育課程全体との関わりの中でその位置づけを考えることになる。

　以上のことを念頭に置いて，再び単元に着目する。さらに具体的に検討するために教科書に焦点を合わせよう。教科書出版社は検定教科書を作成する際，

表 2 − 2　指導書に示された単元「面積」の指導計画

小単元 （課題設定）	ページ	内容　〈用語・記号〉	時数		関連ページ
1 面積	82〜83 84〜85 86〜87 88 89 90	• 花壇の広さ比べによる面積の動機づけ • 面積の概念，1cm² の量感 　　　　〈面積，cm²，平方センチメートル〉 • 長方形，正方形の面積の求め方と公式，適用題 • 1 m² の理解　　〈m²，平方メートル〉 • m² と cm² の関係，縦と横で長さの違う単位の面積 • 1 m² の面積づくり（量感），1 m² の面積さがし	1 1 1 1 1 1	6	プレテスト →コピー資料集 p. 20 p. 84 〜 方眼紙（1 cm） →コピー資料集 p. 8
2 面積の求め 　方のくふう	91	• L 字型の図形の面積のいろいろな求め方	1	1	p. 91「面積の求め方」 →コピー資料集　p. 9
3 大きな面積	92 93	• 1 km² の理解，km² と m² の関係 　　　　〈km²，平方キロメートル〉 • 1 a，1 ha の理解，a, ha, と m² の関係 　　　　〈a，アール，ha，ヘクタール〉	1 1	2	
たしかめ道場	94〜95	• 基本のたしかめ	1	1	評価テスト →コピー資料集 p. 36, 37

出典：清水他（2008）82-A頁をもとに筆者作成。

教師用指導書（以下，指導書）も合わせて作成している。教科書と指導書は，教師にとって，単元を計画するうえで最も一般的な資料である。

　本章では啓林館の『わくわく算数　第 4 学年　上』を参照し，単元「面積」に着目する。指導書では表 2 − 2 のように各単元の最初に，指導計画が示されている。これによると，面積の考え方や長方形と正方形の面積を求める公式などについて 6 時間かけて学ぶ（第 1 次）。L 字，すなわち複合図形の面積を複数の方法で求める時間を 1 時間（第 2 次），km² などの大きな面積について 2 時間（第 3 次），学習を総括する時間として 1 時間（第 4 次）が設定され，合計10時間かけて学習される。また，指導される時期の目安も示され，9 月上旬から中旬が設定されている（清水他，2008，82-A頁）。

　教師は，こうした指導書に示された単元計画や，自分が過去に指導した経験，学校や研究会，あるいは書籍等で蓄積されている事例などを参照しながら，単元を計画することが一般的である。

第 2 章　教科の教育課程

表 2 - 3　教師が作成した単元計画

	学 習 課 題	学 習 内 容
1 時間目	どんな方法で比べられるかな	2 枚の紙を重ね合わせたり，マス目の数を比べたりして広さ比べをすることにより，広さを数値化しようとする課題をつかみ，学習計画を立てる
2 時間目	広さ比べをしよう	面積の単位 cm^2 を知り，$1cm^2$ がいくつ分かを数えて面積を求めたり，決められた面積の図形を作図したりする
3 時間目	広さを計算で求める方法を考えよう	1 辺に $1cm^2$ が並ぶ数に着目して，長方形や正方形の面積の求積公式を考える
4 時間目	辺の長さを求めよう	求積公式を使って，面積から辺の長さを求める
5 時間目	もっと広い面積を求める方法を考えよう	新しい単位 m^2 の必要性を知り，$1m^2$ の広さを理解した後，$1m^2$ を単位として理科室（長方形）の広さを求める（パフォーマンス課題の提示）
6 時間目	理科室前廊下の面積を求める方法を考えよう	理科室前廊下（複合図形）の面積の求め方を考え，その際に測定する箇所とそのわけを考える
7 時間目	理科室前廊下の面積を測定し，理科室の広さと比べよう	考えた測定箇所の長さを測り，理科室前廊下の面積を測定し，理科室の広さと比べる
8 時間目	$1m^2$ は何 cm^2 になるのか考えよう	$1m^2$ は $1cm^2$ のいくつ分かを作業的な活動を通して表す（ルーブリック作成の対象）
9 時間目	大きな土地の面積を表す方法を考えよう	もっと広い広さ（本校の敷地の面積や校区の面積）を表すために，a や ha の単位を知り面積を求め，m^2 との関係を考える
10 時間目	中京区の面積を求めよう	さらに広い広さ（中京区の面積）を表すために，km^2 の単位を知り面積を求め，m^2 との関係を考える
11 時間目		単元のまとめ

出典：上杉（2011）70頁。

（3）パフォーマンス評価と教科の教育課程

　教師が計画した事例を検討する。表 2 - 3 は，京都市立高倉小学校の第 4 学年に対して，上杉里美教諭が実際に行った単元計画である。この事例の特徴は，パフォーマンス評価を取り入れた点にある。パフォーマンス評価とは「知識やスキルを状況において使いこなすことを求めるような評価の総称」（西岡，2016，20～21頁）を意味する（パフォーマンス評価については第11章参照）。

　この時，単元を計画する際に，単元目標を明確化したのち，児童が達成した

25

姿，および，その結果生まれる発表や作品などを具体的にイメージし，それに向けて単元を設計している点が重要である。この単元では，「これまで学習してきた長さやかさ，重さなどの量の測定と同じように広さも，ある単位のいくつ分という考え方で表すことを捉え，面積の概念と測定の意味について理解できる」（上杉，2011，69頁）ことがねらいとして設定され，これを身につけた児童の姿が，指導に先立ってイメージされている。

　さて，児童が学習内容を総合して使いこなし，能力を発揮する姿を引き出すには，相応の場面を設定する必要がある。このような課題を「パフォーマンス課題」といい，ペーパーテストだけでは評価が困難な児童の学力の実態を多面的に捉えることができる。上杉教諭は，5時間目から7時間目にかけて，学校行事の会場を選ぶために，理科室（長方形）と理科室前廊下（L字型）の面積を比べ，広いほうを見つけるという課題を設定している。これにより，面積の学習を現実生活にも活用する姿，面積について実感をもつ姿，児童同士が協力して課題に取り組む姿を引き出している（細尾，2011，76頁）。

　このように，教師は教科書や指導書はもちろん，様々な教育理論に学び，自分が担当する学級の児童の実態と，単元の学習を通じてどのように育ってほしいのかを勘案して，単元を設計している。

3　児童と教科のカリキュラム

　最後に，児童とカリキュラムの関係について検討する。先の上杉教諭の実践例で，「1 m^{2}には1 cm^{2}が10000も入ることがわかりました。理由は，1 mは100 cmだから横に100こたてに100個で100×100で10000になる事がわかった」と1 cm^{2}という単位から1 m^{2}を捉え，その理由を公式と関連づけて理解できている子もいれば，「1 m^{2}の中は1 cm^{2}が10000 cm^{2}もあるんだとわかりました。100 cm^{2}が1列に1こあるんだと思いました」と公式と関連づける際，着眼点がずれていた児童がいた（上杉，2011年，70頁）。このように，同じ授業を受けても，子どもの反応は多様であり，教えられたとおりに児童は学

習しているわけではないという事実を教師は自覚する必要がある。このことを，「構成主義」という概念から考える。

（1）構成主義

　構成主義とは，知識は受動的に伝達されるのではなく，主体によって構成されるという考え方である。すなわち，子どもは，教えられたとおりに学習するのではなく，自分の知識や経験との関わりの中で，再構成するということを意味する。

　学習を知識の再構成と捉えることで，子どもが自分の生活世界から獲得した素朴概念を踏まえた教育課程を編成する意義を理解することができる。たとえば，「A，B間を休まず往復する。行きは時速40km，帰りは時速60kmで進んだ場合の，平均の速さは時速何kmか」（2012年 京都市教員採用試験 小学校専門筆記試験より）という問題では，単に足して2で割って時速50kmと解答する子どもも多いと思われる（実際は時速48kmである）。この例のように「内包量」の平均を求める際，「外延量」にさかのぼって平均を計算する必要がある。教師はこのことを学習者が実感できる教育経験を意図的に計画し，知識の再構成を促す必要がある。

　子どもは教師に伝達されたとおりに，知識を習得するわけではない。子どもは主体的に知識を再構成し，世界を認識する存在なのである。教科の教育課程を編成する際も，各単元でどのような素朴概念を子どもがもつ傾向があり，どのように学習を展開すれば，それを科学的認識へと再構成できるのか，ということを考慮する必要がある。

（2）学力の評価

　教科の教育課程を通じて子どもが何を身につけたのか，ということを確認すること，すなわち教育評価も教師の重要な仕事の一つである。とくに教育課程編成に関わりが深い評価の機能として，診断的評価，形成的評価，総括的評価という3つがある。

第一に，診断的評価は，ある教育内容を学習するために必要な準備があるか否かを確かめることを意味する。たとえば，第4学年の単元「面積」を学習するためには，少なくとも単元「長さ」や単元「四角形」で学ぶ長方形，正方形の知識が前提となる。こうした前提となる知識が身についているかを単元の初期の段階で評価することで，学習を効果的に進めることができる。

　第二に，形成的評価である。これは単元の途中などで，学習した内容が身についているか否かを評価し，指導を見直すことを意味する。たとえば，同じく単元「面積」であれば，単元の途中で「たて×よこ」や「一辺×一辺」といった，重要な内容が定着しているかを評価し，定着していないようであれば，練習問題を行ったり，教材を変えたりして定着を促すことになる。

　第三に，総括的評価である。これは，単元末や学期末などの場面で学習の成果を総合的に評価することを意味する。単元「面積」であれば，たとえば，テスト以外にも，学習内容を使って自分で複合図形を設定し，面積を計算する問題をつくる（作問法という）といった評価課題に取り組み，学習を総括することになる。

　このように，教師は教科の教育課程の中に評価を位置づけ，授業の改善へと結びつけることができる。他方で，学習者の学力を評価することは，教育課程そのものを見直す契機ともなる。効果的な授業を行ったとしても，学習が深まらない場合は，教科の教育課程に問題が内在する場合もあり，教育課程そのものも評価の対象となる（カリキュラム評価については第12章参照）。

　教育課程に対する評価の典型的な例として，学力調査をあげることができる。学力調査は，地方自治体のレベルで実施されたり，国立教育政策研究所による全国学力・学習状況調査のように全国規模で実施されるものもある。これにより，各学校や各自治体において編成されている教育課程の成果や課題に関する情報が収集されている。

　他方で，IEA（国際教育到達度評価学会）による TIMSS や，OECD（経済協力開発機構）による PISA 調査などのように，国際学力調査もある。これらの調査結果の分析は，現代を生きる子どもが学ぶべき教科の内容を再検討する契機

第2章　教科の教育課程

になる。近年であれば，PISA 2003 の調査結果は，日本の教科の教育課程編成に大きな転換点をもたらし，各教科においても知識・技能を使いこなす「リテラシー」が取り入れられた（リテラシーについては第10章参照）。

　しかしながら，このような学力調査は，しばしばランキングを伴って報告され，ランキングが下がった際には学力低下への懸念が喧伝されることが多い点には注意が必要である。教師にとって，専門職として情報を吟味し，こうした報告に右往左往することなく，どのような教育課程が子どもたち，学校にとって必要なのかを見極めて，学校教育として具体化することが重要である。

　本章では，算数・数学科を例に教科の教育課程を，教育課程編成の三つの次元から検討した。教師は，担当する子どもの実態に合わせ，教育課程を編成し，よりよい教材を用いて授業を行うことで，国が定めた教育課程を子どもの学びへと創造的に媒介する役割を担っている。今回は算数・数学科に絞って教科の教育課程を検討したが，たとえば，社会科と関連づけてグラフを学んだり，理科や家庭科と関連づけて比について学んだりする，教科横断的なカリキュラムを教師は創造することができる。教育課程編成の考え方や，それを授業へと具体化する方法を学び，子どもの認識世界を再構成できる実践を展開することが教師に求められている。

引用・参考文献

上杉里美（2011）「第2章　事例・学校編　事例3」田中耕治編著『パフォーマンス評価 思考力・判断力・表現力を育む授業づくり』ぎょうせい，68～75頁。

柴田義松（2003）「教科」今野喜清・新井郁男・小島邦広編著『学校教育事典』教育出版，228～229頁。

清水晴海他（2008）『わくわく算数　4年生　上　指導書　第二部　詳説　朱註』啓林館。

西岡加名恵編著（2016）『資質・能力を育てるパフォーマンス評価』明治図書。

細尾萌子（2011）「第2章　事例・学校編　事例3　実践 Review」田中耕治編著『パフォーマンス評価 思考力・判断力・表現力を育む授業づくり』ぎょうせい，76～77頁。

本所恵（2017）「教科における教育課程」西岡加名恵編著『教職教養講座　第4巻　教育課程』協同出版，81～104頁。

文部科学省（2017a）『小学校学習指導要領』。

文部科学省（2017b）『小学校学習指導要領解説　算数編』。

文部科学省（2017c）「平成29年文部科学省令第20号　別表第一」。

文部省（1947）『小学校学習指導要領　一般編（試案）』。

学習の課題

(1)　第2学年で九九を学習する単元「かけ算」は，どの段から順に学ぶのか。なぜそのような配列になっているのか，学習者の発達段階や興味関心と関連づけて説明せよ。

(2)　2008年改訂の学習指導要領と2017年改訂の学習指導要領における年間配当時間表を比べて違いを述べよ。

(3)　理科などにおける典型的な素朴概念について調べたうえで，これを科学的認識へと導くために効果的な教材を調べよ。

【さらに学びたい人のための図書】

田中耕治編著（2018）『よくわかる教育課程〔第2版〕』ミネルヴァ書房。

　　　⇨教育課程に関連する，数多くのキーワードやポイントが見開き2ページで簡潔に解説されている。初学者にも使いやすく，辞書代わりとしても有効である。

G. ウィギンス，J. マクタイ，西岡加名恵訳（2012）『理解をもたらすカリキュラム設計「逆向き設計」の理論と方法』日本標準。

　　　⇨教科のカリキュラムを編成する際に有効な逆向き設計論が，従来のカリキュラム編成の問題点や豊富な事例，具体的な方法などとともに，わかりやすく説明されている。

（大下卓司）

第3章 総合学習の教育課程

この章で学ぶこと

　総合学習は特定のテーマに取り組む学習であり，追究の過程で経験を深め，各教科の学習を発展させることが求められる。時代によってその様相を変え，戦後の混乱期の1950年代，高度成長の影の側面が明らかになり低成長へと移行した1970年代，バブル崩壊後の1990年代と，日本社会が時代の節目を迎えるたびに教育課程をめぐる大きな論点となってきた。本章では，上記の3つの時期に現代を加えた4つの時期について，①教育課程上の位置づけ，②実践例，③実践を支えた学力観という3つの軸で検討する。

1　戦後初期総合学習の登場と教育課程改造 （1950年代）

（1）「新教育」における問題解決学習の位置づけ

　戦後初期のいわゆる「新教育」は知識を詰め込む戦前の教育を否定し，各学校が独自の教育課程をつくるという視点が初めて全国的に共有された。この時期，経験を通して自ら知識を獲得する学習のあり方が理想として広まった。

　実践や研究の中心となったのが，コア・カリキュラム連盟（1948年発足，以下，コア連）である。コア（中心）のあるカリキュラム（教育課程）を目指したコア連が教育課程の中心に据えようとしたのは，子どもの生活に動機づけられた学習（生活単元学習）や社会的な課題に取り組む学習（問題解決学習）である。コア・カリキュラムでは，各教科の学習はそのプロセスにおいて必要性が自覚されたときに行われるのが原則とされた。戦後の教育改革の中で公民や歴史を廃止して新設された社会科は，このコアとして選ばれたため，教育課程全体を統合する総合的な性格を期待された。

「新教育」は当初，アメリカの教育運動（進歩主義）の直輸入であることや，学習における経験の重要性を過度に強調したことが批判された（いわゆる「はいまわる経験主義」）。その結果，社会科の方向性に２つの潮流が生まれた。一つは教科内容のもつ学問性を重視して新たに系統化していく方向であり，もう一つはあくまで経験を通した学習を重視しつつ，子どもの思考や問題解決能力を深めようとする方向である。

たとえば，勝田守一は前者に該当し，教科を子どもの経験の「一定の中心をもった領域における内容の組織」（勝田，1951，80頁）であると考え，小学校高学年以降の社会科を主として地理，主として歴史というように系統立てる必要を主張した。これに対し，総合的な社会科の立場を支持した梅根悟は後者であり，社会科を「分析諸科学，諸教科がそこから発展し，また逆にそこに活用される具体的な社会生活上の諸問題をとりあげ，その解決の道を探求する」（梅根，1951）ものと捉えた点で対照的である。

勝田と梅根は論争を繰り広げ，その結論として歴史や地理を個別に学ぶ学習と，社会生活上の問題を解決しようとする学習の両方が重要だと合意した。しかしながら，この時点では，教科が系統的であるとはどういうことか，系統的な知識の学習と切り離された問題解決の学習とは何なのか，という疑問は未解決のまま残されることとなった。この後，「新教育」の問題解決学習の系譜は，日本生活教育連盟（1953年にコア連より改称）や社会科の初志を貫く会（1958年発足）によって実践が展開されることになる。

（2）社会的な課題の追究　単元「西陣織」

「新教育」における問題解決学習の代表として，1953（昭和58）年に京都市の旧日彰小学校で行われた単元「西陣織」を見てみよう。単元はまず，着物や小物など，家にある西陣織をもちよって展示会を開くことから始まった。多くの織物を見比べて，どうやってつくるんだろうという疑問をいだき，子どもたちは工場や家の近くの業者へ見学に行く。織物問屋の多い学区でもあり，活発に調査が進められた。

しかし，当時の西陣機業には，機械化された大工場が家庭単位の小規模な工場を圧迫し，さらに賃織（技術労働者）が働いても織元（経営・販売者）から少ない賃金しかもらえないという問題があった。見学や聞き取り調査の中で，子どもたちはこの問題に気づいていく。そこで，どうしてこのような状況になったのかを辿る歴史的な探究と，ほかの地域ではどうしているのだろうと比較する社会地理的な調査を進めた。調査を通して，子どもたちの意見も「みんな大工場のようなやり方にすれば」といった安易な提案から，「あんなにしてやっている人（賃織）が一番お金がもうからないのだと知って，私は何だか腹がたって」という共感的なものに変わっていった（永田，1954，53頁）。

注目すべきは，子どもたちの問題意識が変化するように計画，展開されているところだ。はじめのうち，子どもたちは展示会を通して，西陣織という地域の身近な衣服には色々なものがあるのだな，という漠然とした好奇心を抱いた。それがつくり方という技術面の疑問へと変わり，さらに低賃金で働く労働者の問題への気づきから，歴史の疑問，社会地理的な疑問へと変化していく。

コア連の問題解決学習は，この疑問の変化を教師が意図的に仕組むよう求めた。これにより，活動しているだけで学びがないと揶揄された「新教育」は，自らの課題を乗り越えようとしたのである。確かに社会の大きな問題に取り組み，しかも歴史や社会地理など多面的な見方の学習へと深まっている。

しかしながら，問題の解決を急ぐあまり，経験の意味を問い直す機会が少ない傾向にあった。この単元「西陣織」でも，工場で見聞きした労働者の具体的な言葉や姿をもとに語り合う様子は読み取れない。

（3）問題解決学習を支えた学力観

このように経験や研究を重視する「新教育」は，計算力や識字力，つまり基礎学力（3 R's）の低下を招くと盛んに批判された。それに対してコア連は，自ら問題を解決する力を育てるという意味での学力は低下していない，と反論した。

両者を整理し，広岡亮蔵は，「個別的能力」と「概括的認識」からなる基礎学力と，「行為的態度」である問題解決学力という，下層から上層へいたる三

図3-1 広岡の学力モデル
出典：広岡（1953）190頁。

層構造の学力論を提起した（図3-1）。たとえば，言葉の学習に関していえば，「個別的能力」とは語句の意味についての知識や，黙読の技能にあたる。一方，「概括的認識」とは，様々な語や文を学習することで得られるもので，たとえば「言語表現はそれぞれの場面に応じて，それぞれ有効な様式があるのであって，決して一様ではない」というものである。「行為的態度」はこれがさらに高まったもので，必要に応じて読書する態度や，批判的に読む態度を指す。

広岡の学力論には，知識の階層性を見出した点で学ぶべきことが多い。しかし，広岡が「行為的態度」を学習によって修得される批判的な態度と規定したにも関わらず，学校現場では学習対象に対する「興味・関心」と捉えられた。これにより，広岡の学力論は態度主義に陥る危険性があると指摘された。態度主義とは，学力低下の原因を教材や教育方法ではなく，それとは無関係な「やる気」や「姿勢」に求める非合理的な考え方のことである。態度主義の克服は，その後の総合学習をめぐる課題の一つとなった（第7章を参照）。

2　教育課程に総合学習は必要か（1970年代）

（1）1970年代の「総合学習」の盛り上がり

「新教育」の取り組みが挫折して以降長らく，教育課程は「教科」と「教科外」という2つの領域によって構成されると考えられてきた。1950年代後半から1960年代にかけては，各教科の系統性に関する研究・実践が積み重ねられるとともに，教科外の教育のあり方も特別活動論として深められた。

一方で，1960年代後半以降には，公害や平和など学問の垣根を越えて取り組まねばならない問題が重要性を増し，学校現場でも公害学習など既存の教科の枠組みを越境した実践が報告されるようになった（和井田, 2010）。これを背景

に1970年代には教科や教科外と並ぶ新たな領域として総合学習が提起され，教育課程は領域としての総合学習を含むべきか否かという難問を抱えることになる。総合学習の教育課程上の位置づけをめぐり，1970年代には①教科とも教科外活動とも異なる領域である，②総合学習の時間は必要ない，③総合学習は教科の一つである，という3つの立場が存在した。

　当初，総合学習は①の立場に基づいて，あらたな領域として設定すべく提起された（梅根編，1974，131頁）。論拠は大きく2つあった。第一に，子どもたちは家庭や学校で「生活」を営む中で抱く様々な疑問は，社会的な課題につながるものであるため意識的に学習する必要がある。第二に，社会的な課題に取り組むためには分割された教科の学習だけでは限界があり，教科の学習を発展させ総合しなければならない。

　これを批判したのが②の立場である。教科と教科外の二領域論を支持した城丸章夫によれば，そもそもバラバラの知識を総合化するのが教科であって，そこにあえて総合学習を付け加えれば，教科では総合的視点をもたなくてもよい，という考えになりかねない。一方で，仮に生活上の疑問を追究する学習があるとしても，自分たちで行動を決定するならば，それは教科外領域に含まれる。結局，総合学習は教科と教科外に解消すべきだと考え，城丸は総合学習の領域化を否定した（城丸，1992，57頁）。

　これは総合学習の独自性に疑問をなげかけ，その意義を問い直すきっかけとなるはずであった。しかし，議論は深められないまま，第三の解決が図られた。総合学習を他の教科と区別する意義を認めつつも，「現実的諸課題についての系統的な学習を組織する」ような教科だと考える③の立場である。1970年代の総合学習をめぐる議論のまとめとして，日本教職員組合委嘱の中央教育課程検討委員会によって報告された『教育課程改革試案』（以下，『試案』）はこの立場を採用している。国民的諸課題として，生命と健康，人権，生産と労働，文化の創造と余暇の活用，平和と国際連帯，民族の独立という6つをあげ，これらを系統的に学習する教科の時間として，総合学習を設定したのである（日本教職員組合編，1976，245頁）。

（2）総合学習「ヒロシマ」

　ここでは，『試案』の影響を受けて総合学習を展開した和光小学校（以下，和光小）の実践事例を見てみよう。和光小は総合学習の内容として平和学習を重視し，修学旅行を観光から学習へと変革するために，被爆地の広島を学習対象に選んだ。総合学習「ヒロシマ」は，修学旅行へ行く6年生の11月を中心に展開期とし，前後に準備期，発展期をつけた3区分で展開された（表3-1）。

　準備期に重要な役割を果たしているのは戦争体験の聞き取りと，教科での学習である。聞き取り学習は，戦争への関心が高まる8月，夏休みの自由課題であった。時には何日もの日数をかけて，子どもたちは父母の戦争体験を聞き取って来る。文集にまとめて読み合う活動を通して，子どもたちの言葉は「戦争はこわい」から「戦争はにくい」へと変わっていった（この時期には，社会科で十五年戦争を詳しく学ぶほか，国語科では「川とノリオ」など平和学習の自主教材を用いて学んでいる）。

　展開期，修学旅行の直前には，「原子爆弾」の特別授業が行われる。ここで扱う内容は，〈原爆の科学〉〈原爆がつくられるまで〉〈原爆は何故，広島，長崎へ〉〈これからの核兵器〉で，ヤルタ会談や米ソの関係性にまで迫って授業が行われる。小学校でここまで詳細に学習するのはなぜだろうか。それは「感情的に，戦争を『悪』とするのでなく，もっと科学的に見つめる目を養い，戦争の背景にある，国や人間について知る中で戦争を歴史的な視点から考えられる力」をつけ，さらに「戦争という現実を自分の目でしっかり見て，自分の頭でそれをしっかり考えられる力」を目指すからである（和光学園教育実践シリーズ出版委員会編，1984，126頁）。

　修学旅行では，広島で平和公園の慰霊碑をめぐり，さらに原爆養護ホームを訪ねて，おばあさん，おじいさんの話を小グループで聞き取った。40分間何も語らずだまって手を握るおばあさんに，目をはらしていた子もいたという。

　発展期，広島から帰った子どもたちは，自らの平和学習ノートを読み返しながら学習を振り返り，5年生に伝える「報告会」の準備に向かう。報告のためには被爆者から聞き取ったこと，自分なりに考えたことを整理し，文章化しな

第3章　総合学習の教育課程

表3-1　総合学習「ヒロシマ」の展開

準備期	5年生3月～6年生10月	聞き取り（夏休み），教科の学習（社会科，国語科）読書運動，映画・写真展の鑑賞
展開期	6年生11月	特別授業「原子爆弾」ほか，修学旅行
発展期	6年生12月～3月	5年生への「修学旅行報告会」，文集づくり

出典：和光学園教育実践シリーズ出版委員会編（1984）23～26頁をもとに筆者作成。

ければならない。その中で，自分の生き方を12歳なりに考えるのである。

（3）態度主義を乗り越える学力とは

　総合学習「ヒロシマ」の構造は，次のように捉え直すことができよう。子どもたちの家族の多くは戦争を経験しており，その歴史の連続性の中に子どもたちは存在している。子どもたちは父母・祖父母や施設での聞き取りを通して自分自身の歴史を掘り起こし，その中に「参加」する。このとき，教師は，子どもたちとともに歴史の参加者となるだけでなく，その活動を通しての子どもたちの成長に常に意識を向けている。これを踏まえて教材研究を行い，タイミングを捉えて国語科や社会科，理科の授業をすることで，子どもたちの認識を発達させることが可能なのである。

　和光小の教師は，平和学習を「知識の習得ではなく，知識をもとにしてものごとを判断し，評価し，民主的社会の一因としての自分の生き方をこそさぐってきた」（和光学園教育実践シリーズ出版委員会編，178頁）と振り返っている。ここで「知識をもとにして」というのが重要だろう。知識の学習と，聞き取りを通した「参加」の学習を積み重ねることで，言葉の少ない被爆者の「思い」をも感じ取り，自らの思いへと変えていく総合学習が成立しているのである。知識の暗記でも態度主義でもない，知識が子どもたち自身のものとなって発展した学力である。

　このような学力は，1970年代に中内敏夫によって提起された「習熟論」によって整理することができるだろう。中内は，学ぶ姿勢のできていない者は学習できないという態度主義を無責任だと批判した。そこで中内はこの発想を逆

37

知識（認識精度）	概念・方法など
習　熟	

図 3-2　中内の学力モデル

出典：中内（1971）72頁。

転させ，学ぶ姿勢があるから学習できるのではなく，学習の結果として一定の姿勢にまで学び至るべきだと捉え直した。

　この学力の構造は，図3-2のようにモデル化されている（中内，1971，52～76頁）。「概念・方法など」とは，たとえば重さ，産業革命，文字などの概念にあたる。「知識（認識精度）」とは，合金の重さ，イギリスの産業革命，日本の文字など，より具体的で固有の文脈に属するものである。両者は学力の基本的な部分を構成し，いわば抽象と具体の関係にあって，行ったり来たりすることで学習が深まる。その結果，行為が「自動化と短縮化」を迎えた状態が，学力の発展的な部分としての「習熟」である。中内は，科学的概念や各種の芸術的形象，方法や知識などが「学習主体によって十分にこなされた状態」である「習熟」が，生き方，思考力，態度など学力としての人格的な価値であると考えた（中内，1977，94頁）。

　総じて，社会の参加者として子どもが発達できるように，教師が文化・科学を教材として構成することで，人格的な価値にまで子どもの学力を発展させるような教科の学習が，当時の和光小で目指された総合学習であったといえる。

3　総合学習で育まれる「学力」とは（1990年代）

（1）「総合的な学習の時間」の設置

　1977年の学習指導要領の改訂では教科での知識の詰め込みを避けて，「ゆとりと充実」がキーワードとなった。この流れの延長線上に，1989（平成1）年の改訂では低学年の社会科と理科が廃止されて「生活科」が設置され，さらに1998（平成10）年の改訂では，各学校における自由裁量を認めた「総合的な学習の時間」が創設されることになった。これによって，長らく一部の地域・学校でのみ実践されてきた総合学習が，全国的に行われる素地ができあがった。

　しかし，これは必ずしも総合学習への追い風とはならなかった。直後の1999（平成11）年から学力低下を懸念する批判にさらされることになる。「ゆとり教

育」のもたらす基礎学力不足に対する不安は,『分数ができない大学生』(岡部恒治ほか編, 1999) などに現れ,「総合的な学習の時間」の導入による教科の学習時間の減少が, 基礎学力低下に拍車をかけると考えられたのである。

また一方で, 総合学習を推進する立場からも懸念が表明されていた。たとえば, 長く総合学習の実践に取り組んできた和光小は,「総合的な学習の時間」が新設される混乱の中で,「子どもの興味をひくだけの学習でお茶をにごしている例」が広まっていることを危惧している(丸木, 2001, 11頁)。

この時期の特徴は「総合的な学習の時間」が領域として設定されたことを背景に, 1970年代のような教科の学習の発展としてのみならず, 教科にも教科外にも解消されない固有性を見出す必要が生じたことである。教科でなく総合学習でなければならない理由とは何なのか, 子どもの興味をひく以上に価値ある学習となるためにはどうすればよいのだろうか。いずれにせよ, その答えは, 総合学習を通して目指される学力の固有性に求められねばならない。実はこのときすでに, 答えの芽は実践の積み重ねの中から立ち現れはじめていた。

(2) 総合学習「多摩川はつらいよ」

1970年代に総合学習に取り組み始めた和光小は, 現在に至るまで総合学習の実践を重ねてきた。中でも1987(昭和62)年の「多摩川はつらいよ」(小菅, 1990) は, 以降の総合学習の典型の一つとなるダイナミックなものであった。

9月,「多摩川」は親子魚とり大会から始まった。川に入ろう, という呼びかけにはじめは拒否反応を示す子どももいた。多摩川は場所によって悪臭を発していたからであり, 教師自身もどれだけ魚がいるのかは把握していなかった。当日を迎えれば, 活発に活動するお父さんたちにつられ, 子どもたちは川遊びの面白さに気づき, 四つ手網などめいめいの道具を使って, 大収獲をあげた。

これ以降, 魚とりは子どもたちのお気に入りになった。必ず大人がついて行くという条件で, 子どもたちは自分たちでグループをつくり, 休みの日や放課後に多摩川に通った。捕まえた生き物が続々と教室にもち込まれ, 並んだ水槽は「多摩川水族館」と名づけられる。飼育を通して子どもたちは生態系を学び,

川に通う活動にも餌の魚をとる，という明確な目的が生まれた。

　活動を始めた当初は，教師自身にも本格的な学習を始める見通しが立っていなかった。しかし，魚とり大会から1週間もすれば，「ほかのところにはどんな魚がいるのかな？」「どうして川の水は汚いのかな？」と子どもたちは知りたいことを表現するようになる。そこで「テーマを決めてもっと多摩川を調べてみないか？」と教師がもちかけると，次々と疑問が出され，これを整理して「水中の生き物」，「水と川原のよごれ」など7つのグループがつくられた。

　上流の見学に行き，下水処理場に勤めるお父さんの特別授業を受ける中で，グループの問いは深められていく。とくに「水と川原のよごれ」グループは目覚ましい活躍をした。特別授業で水の汚れを測るうえで生き物が役立つという話を聞いて，水のきれいな上流と汚い下流とでは捕まえられる魚の種類が違ったことを思い出し，魚が水の汚れの「ものさし」になると気づいたのである。

　このグループはさらに学習を進め，研究の成果を交換するグループ報告会では「多摩川のよごれ地図」をつくって報告した。この地図には，汚い川が合流するのに水がきれいになる部分がある。この不思議な現象にクラス全体の疑問は集中した。子どもたちは，ああでもないこうでもないと理由を追究し，水量が増えるから自浄作用が強くなるという答えに至った。これにより，川の自浄作用という知識が，子どもたちの実感としての理解に変わった。「多摩川は生きていたんだ」という子どもの言葉には，この理解が端的に表れている。

　このほか，総合学習や教科学習の発表の場である「いちょう祭り」では，ザリガニやクチボソの釣り堀りのほか，8つもの店を開いてにぎわいを見せた。学習の最後には，各グループの研究を1冊の本にまとめ，126頁からなる『多摩川はつらいよ』ができあがった。

（3）総合学習の固有の学力とは

　多摩川について調べたいことを時にはグループで，時には一人で追究する子どもの姿は，教師が教材を準備した「ヒロシマ」とずいぶん異なる。「多摩川」を実践した小菅は，総合学習では「問題意識を持つこと，調べ方，まとめや発

表のし方を体得するなど、『学び方』を学ぶ」と語る（小菅，1990，198頁）。教科の発展に留まらない総合学習に固有の学力が、ここに隠れている。

　1990年代の総合学習の理論と実践を踏まえ、これを知の性質の側面から説明したのが、田中耕治である。そもそも学習における知は、内容知（何を）と方法知（どのように）に分けられる。教科の学習では、内容知と、それを明らかにするための方法知を教師があらかじめ構造化しておく。たとえば、理科では「食塩は水に溶ける」という内容知は「食塩水を熱すれば食塩を取り出すことができる」という方法知と表裏一体である。教師によって構造化された知の体系を身につける教科の学習は「習得的な学習」（learn）と呼ばれる。一方の総合学習で、子どもたちは往々にして、教師も答えを知らないような課題を追究していく。教師も子どもも一緒になって、自らが習得すべき知を構造化していくこと自体が学習である。これは「研究的な学習」（research）と呼ばれる。

　教科の学習を発展させることは、総合学習が成立するための重要なきっかけである。これは「learn から research へ」ということができるだろう。一方、総合学習を通して教科の学習が活性化する場合、これは「research から learn へ」という方向を示す。教育課程における教科と総合は、相互に学習のきっかけとなるもので、これを教科と総合学習の「相互環流」と呼ぶ。

　では、research から learn に至る総合学習において、教師は学習に向けての準備を何もしないのだろうか。いや、実は「多摩川」でこそ教師の強い指導性が発揮されている。それが見られるのが、川へ行って魚をとろうと教師が子どもたちを巻き込んだ冒頭の場面である。魚をとることは、まずそれ自体が子どもたちにとっては楽しい活動であるが、それだけであれば単なる動機づけにすぎない。この活動から子どもたちが学んだことは、魚のとり方という方法知であった。その後、魚とりを子どもたちが繰り返すことで、この方法知が単元全体を貫き、実に多様な意味をもたらしている。魚をとる活動は飼育活動を導き、餌の魚が必要になる。ここで初めて、魚のとり方は、単なる楽しい活動・遊びから特定の目的のための方法へと変わる。さらに、それがやがて水質調査のために水生生物の分布を調査するという研究へと発展している。

ここまでくれば，総合学習における「魚をとる」ことの意味は，単なる方法知に留まらない。魚をとるという一見単純な遊びにも，魚の生態や川の地形と流れの関係についての知識をもとに，どこに魚がいるかを予想し，適切な道具を選び，実際にためしてみて，結果をもとに知識を修正する，というプロセスが含まれる。そしてこれは，長期的な水質の変化を知るために水生生物を定期的に採取して仮説を修正していくような探究のプロセスに通底している。総合学習において方法知を学び経験することは，同時にその方法に含みこまれている「方法論」を学ぶことであることに田中が注意を促しているように（田中，1999，10〜13頁），教師の役目は，方法論を問うことができるような豊かな方法知を含む活動を見きわめることだといえるだろう。

4 教育課程における総合学習の役割

（1）2017年版学習指導要領における総合学習の位置づけ

　教育課程の中で総合学習を考えるときには，目標や，教科との関わりを明確にすることが大事である。歴史的な成果を受けついで，学習指導要領は「総合的な学習の時間」の目標をどう規定し，教育課程に位置づけているのだろうか。

　1998年の学習指導要領（教育課程の国の基準）で初めて登場した「総合的な学習の時間」は独立した章としては説明されず，総則の一部で言及されるに留まっていた。これは2008年の改訂で改められ，教科や特別活動と並んで章立てされることになった。また2008年版では「課題の設定 → 情報の収集 → 整理・分析 → まとめ・表現」という流れをくり返す探究学習のサイクルが解説篇で提示されるなど，総合学習のプロセスが具体化されている。ただし，総合学習の目標や教育課程上の役割は，曖昧なまま残されていた。

　2017年版の学習指導要領はさらに踏み込んだものとなっており，その特徴は大きく２つにまとめられる。第一に，資質・能力の３つの柱と対応するかたちで目標が整理され，より具体的なものとなったことである（表3-2）。「知識・技能」に対応する目標で，課題の解決に必要な知識の習得や概念の形成を明記

第3章　総合学習の教育課程

表3-2　2017年改訂版学習指導要領，総合的な学習の時間の目標

知識・技能	探究的な学習の過程において，課題の解決に必要な知識及び技能を身に付け，課題に関わる概念を形成し，探究的な学習のよさを理解するようにする。
思考力・判断力・表現力等	実社会や実生活の中から問いを見いだし，自分で課題を立て，情報を集め，整理・分析して，まとめ・表現することができるようにする。
学びに向かう力・人間性等	探究的な学習に主体的・協働的に取り組むとともに，互いのよさを生かしながら，積極的に社会に参画しようとする態度を養う。

出典：2007年改訂小学校学習指導要領第5章および2007年改訂中学校学習指導要領第4章をもとに筆者作成。

し，また「思考力・判断力・表現力」に該当する目標で，従来『解説』にのみ記載されていた探究のプロセスを目標として明記している。これは，体験活動に偏重しがちである現状に警鐘を鳴らし，活動の意味を考え深める探究を組織することを強調するものであろう。

　第二に，教科との関係性に言及していることも改訂の特徴である。2017年版は，全体としてカリキュラム・マネジメントの重要性を強調している。「総合的な学習の時間」は，その中軸の一つとしての位置を与えられた。具体的には第5章「総合的な学習の時間」の項に「他教科等及び総合的な学習の時間で身につけた資質・能力を相互に関連づけ，学習や生活において生かし，それらが総合的に働くようにする」と明記されている。各教科の見方・考え方を統合して総合学習に生かすとともに，総合学習によって各教科の見方・考え方が多様な文脈で使えるようになり各教科の「深い学び」が実現するという，教科と総合学習の「相互環流」を，いま一度強く意識する必要があるだろう。

（2）教育課程と総合学習と学力と

　総合学習は時代とともに変化してきた。それとともに，教育課程における位置づけと，求められる学力のあり方も変遷してきたのである。活動するだけにならないよう大きなテーマを多面的に追求した1950年代，知識の学習を通して，子どもたちが経験を問い直し自ら考えることを重視した1970年代，子どもの関心に即した多様な活動を許容しつつ，活動がもつ本質的な方法論へと迫っていった1990年代，そして探究活動と教科との関わりを重視する現代へと総合学

43

習は続いてきた。これらを踏まえ，総合学習でどんな課題を探究し，教育課程全体をどう構想すべきだろうか。どのような総合学習を実践したいかを考えるとき，それが教育課程上に占める意味にも思いをはせてほしい。

引用・参考文献

梅根悟（1951）「社会科解体論に反対する」『教育』1月号，国土社，20〜23頁。

梅根悟編（1974）『日本の教育改革を求めて』勁草書房。

勝田守一（1951）「生活教育と社会科」『教育』2月号，国土社，79〜83頁。

教育制度検討委員会編（1974）『日本の教育改革を求めて』勁草書房。

小菅盛平（1990）『多摩川はつらいよ』農山漁村文化協会，198頁。

城丸章夫（1992）「『総合学習』の検討」『城丸章夫著作選集第八巻』青木書店，54〜59頁。

田中耕治（1999）「『総合学習』の今日的課題とは何か」田中耕治編著『「総合学習」の可能性を問う——奈良女子大学文学部附属小学校の「しごと」実践に学ぶ』ミネルヴァ書房。

中内敏夫（1971）『学力と評価の理論』国土社，52〜76頁。

中内敏夫（1977）「教育の目標・評価論の課題」『教育』7月号，94頁。

永田時雄（1954）「単元『西陣織』〈中小工業〉（五年）の研究」『カリキュラム』2月号，誠文堂新光社，48〜54頁。

日本教職員組合編（1976）『教育課程改革試案』一ツ橋書房。

丸木正臣（2001）「いまを生きるための総合学習」丸木正臣・中野光・斎藤孝編著『ともにつくる総合学習　学校・地域・生活を変える』新評論。

和井田清司編（2010）『戦後日本の教育実践』学文社。

和光学園教育実践シリーズ出版委員会編（1984）『総合学習「ヒロシマ」』明治図書。

学習の課題

(1) 総合学習の実践を一つ選び，「内容知」と「方法知」という言葉を使って子どもたちがどのような「学力」を身につけているかを分析しよう。

(2) 総合学習で扱うに値する社会問題にはどんなものがあるだろうか。これまでの実践を参考にしながら，身近な題材がどんな風に大きな問題につながっていくかを考えてみよう。

第3章 総合学習の教育課程

【さらに学びたい人のための図書】

丸木正臣・行田稔彦編著（1990）『和光小学校の総合学習「沖縄」——私たちの沖縄体験』民衆社。

⇨和光小学校の平和学習「ヒロシマ」は，後に舞台を沖縄に変えた。行先の変更は，実践にどのように変化をもたらしたのだろうか。子どもたちの学びは？「ヒロシマ」と比較して，総合学習について考えよう。

日本教職員組合編（1976）『教育課程改革試案』一ツ橋書房。

⇨1970年代に総合学習を提起した本。歴史的な制約はあるものの，発達段階ごとに総合学習のテーマや実践例が列挙されているため，課題設定の参考になるだろう。

（中西修一朗）

第4章 特別活動の教育課程

この章で学ぶこと

　学級活動，学校行事，児童会活動などを含む特別活動は，任意に行われるものではなく，教育課程の中に正規の時間を確保して行われるものである。そのことは，特別活動が教科とは異なった役割を学校教育の中でもっていることを示している。そのために，教育課程という枠組みの中で特別活動について考えるのであれば，その他の教育活動との関連に気を配らなければならない。この章では，特別活動に関するこれまでの実践や議論を参照しながら，特別活動はなぜ学校の教育課程に必要とされるのか，特別活動とその他の領域をどのように連携させれば効果が高まるのかを考えていく。

　1　学校教育における特別活動の位置づけ

（1）特別活動とは何か

　特別活動は，学級活動，学校行事，児童会活動などを含み，学校の教育活動の一貫として行われるものである。特別活動とは何かという問いを考えるために，バレーボールというスポーツを例に取って考えてみる。中学校であれば，教師の指導のもとでバレーボールをプレイする時間としては，クラブ活動，体育科という教科，球技大会などが考えられる。ここであげた3つの教育活動のうち，特別活動の時間を使って行われるのは球技大会である。教育課程の異なった領域で行われる活動なので，同じスポーツを行うにしても，それぞれに異なった特徴をもっているはずである。

　中学校においてクラブ活動は任意の参加になっていることが多い。クラブ活動を行うとしても，ほかのスポーツクラブも用意されているはずなので，バ

第4章　特別活動の教育課程

レーボールをプレイする子どもは一部になるはずである。小学校の場合は，クラブ活動も特別活動の中に含まれて必修となっているものの，中学校と同様にバレーボール以外のクラブ活動を選択することもできるはずである。一方で，体育科と球技大会は，基本的には学年もしくは学校に在籍するすべての子どもを対象にして行われる。よって，全員が参加する活動なのかどうかが，クラブ活動とそれ以外との違いとなる。

では体育科で行われるバレーボールと球技大会で行われるバレーボールには，どのような違いがあるのだろうか。その違いは教育目標と教育評価に着目すると鮮明になる。もっとも大きな違いは，評定（成績づけ）が行われるかどうかという点にある。評定が行われる体育科では，一人ひとりの技能習得が十分であるのかに焦点が当てられ，その達成度が評価される。一方で，特別活動で行われる球技大会では，基本的には評定は行わない。一人ひとりがちゃんと参加できているのかは問われるものの，球技大会で技能習得が目指されることはなく，子どもが自主的に参加することができていたのかといった点が，教育活動の成否を評価するために重視される。その際にも，明確な到達点が設定されているわけではない。そしてどのように参加するのかは子どもによって違いが出てくるはずなので，ある意味でゴール・フリーな評価が行われる。さらに，個人だけではなく，クラスとして意欲的に取り組めたかといった，クラスなどの集団を単位とした評価も行われる（ゴール・フリー評価については，第12章を参照）。

体育科での活動と特別活動での活動との大きな違いは，その規模にもある。体育科の授業が主にクラスを単位として行われるのに対して，球技大会などは学年規模もしくは学校規模で行われる。体育祭，文化祭，修学旅行なども同様にクラスを超えた学びの場を提供するものである。特別活動は，学校規模で教育活動が展開される数少ない機会であり，それゆえに学校の教育課程の影響を色濃く受けるものになる。別の見方をすれば，規模が大きくなればなるほど日程を柔軟に考えることが難しくなるので，その他の教育活動に影響を与える側面もある。規模の大きさは，教員同士の連携の重要さにも直結する。

以上見てきたように，他の教育活動との違いを考えるのであれば，すべての子どもを対象とする明確な到達点はなく，ある意味でゴール・フリーな評価が行われる，個人の学びだけではなく集団の学びにも焦点が当てられる，学校全体を単位として行われるといった点を特別活動の特徴としてあげることができるだろう。ただし，教育課程という枠組みで考えた場合，上述したそれぞれの活動は関連して行われることになる。バレーボール部に所属している子どもが体育科の授業や球技大会で指導的な役割を求められることもあるだろうし，体育科の時間において球技大会の練習が行われることもあるだろう。以降も，他の領域との関わりを意識しながら，特別活動がどのように行われるべきなのかについて論じていきたい。

（2）学習指導要領における特別活動の位置づけ

　教育課程における特別活動の位置づけについて考察するために，次に学習指導要領の記述を参照してみたい。小学校および中学校の教育課程は，教科，特別の教科 道徳，総合的な学習の時間，特別活動の4つの領域に分類され，小学校には外国語活動も加わる。特別活動を構成しているのは，学級活動（高等学校はホームルーム活動），児童会活動（中学校，高等学校は生徒会活動），学校行事であり，小学校ではクラブ活動が加わる。2017（平成29）年に告示された新学習指導要領では，特別活動の目標が以下のように規定されている。

　　　集団や社会の形成者としての見方・考え方を働かせ，様々な集団活動に自主的，実践的に取り組み，互いのよさや可能性を発揮しながら集団や自己の生活上の課題を解決することを通して，次のとおり資質・能力を育成することを目指す。
　　⑴　多様な他者と協働する様々な集団活動の意義や活動を行う上で必要となることについて理解し，行動の仕方を身に付けるようにする。
　　⑵　集団や自己の生活，人間関係の課題を見いだし，解決するために話し合い，合意形成を図ったり，意思決定したりすることができるようにする。

第4章 特別活動の教育課程

(3) 自主的，実践的な集団活動を通して身に付けたことを生かして，集団や社会における生活及び人間関係をよりよく形成するとともに，自己の生き方についての考えを深め，自己実現を図ろうとする態度を養う。

前項で述べたように，集団での活動や他者との協働に重きが置かれ，さらには，活動に自主的に取り組むことが強調されている。児童会活動では異年齢の集団で行動することも求められており，クラスとは異なった集団での活動も規定されている。

ここまで述べてきたような特別活動を学校の教育課程に位置づけていく際には，その特徴からいくつかの課題を見出すことができる。一つ目の課題は，他領域の活動を特に時間的側面から拘束してしまうことである。活動が学年規模や学校規模で行われるのであれば，その計画や予定は動かしづらく，他の教育活動を規定することになる。また他領域との連携を考えるのであれば，特別活動の時間までに何をしておくのかを明確にしておかなければならない。さらに，教育課程における特別活動のねらいを，学校の全教職員が共有しておく必要がある。

もう一つの課題は自主性という活動の性格がもたらす課題である。子どもたちに自主性を求めれば求めるほど，学校生活において特別活動が占める割合は大きくなり続ける。結果として，正規の時間外である放課後の時間や休みの時間などが特別活動の補助の時間として使われることになる。子どもたちが自主的に活動を行うことは喜ばしいことである。しかし，活動の負担が他の教育活動に影響を及ぼしてしまうのであれば，特別活動としては成功していても，学校の教育活動全体としては成功したとはいえない。教員に求められるのは，教育課程全体に目を向け，子どもたちの学校生活に支障をきたさないよう，そして子どもたちの自主性を奪い去ってしまわないように配慮しつつ，適度な活動量に子どもたちを導いていくことである。

図4-1　昭和初期の算数教科書の見開きに示された体育行事の様子
出典：『復刻版　尋常小学算術　第一学年児童用上』8〜9頁。

（3）特別活動の歴史

　現在では，学校の教育課程の中に明確に位置づけられている特別活動が，正規の時間として教育課程の領域となったのは，第二次世界大戦後のことである。それ以前は，教科のみが学校の教育課程の中に位置づけられていた。小学校と中学校の学習指導要領の歴史を見てみると，1951（昭和26）年の学習指導要領において，小学校に「教科以外の活動」，中学校に「特別教育活動」という時間が設定された。1958（昭和33）年には小学校と中学校両方に「学校行事」が追加され，1968（昭和43）年（中学校は翌昭和44年）には小学校と中学校に「特別活動」が設置され，「学校行事」は「特別活動」に統合された。

　では第二次世界大戦以前には特別活動のような教育活動が行われていなかったのかといわれるとそうではない。緑表紙本として知られている1935（昭和10）年発刊の小学校教科書は，子どもの日常場面を取り上げた絵を使い，直観的に量を把握することをねらった教科書として知られている。その絵を見てみると，様々な行事の絵が掲載されている。その中には，今日と変わらないような運動会の風景も見られる（図4-1）。教科以外の教育活動を行う時間は，学校レベルの教育課程の中にも，教育活動として位置づけられていた。ただし，現在とは異なって，国家権威の礼賛などの目的をもって行われていたことには注意が必要である。

第4章　特別活動の教育課程

　教育における研究レベルでは，授業と教科外活動という枠組みの中で論じられてきたことが特別活動を考える際に有効である。柴田義松は，授業は教科指導を行うものであり，陶冶（知識，技能の習得）を目的とする一方，特別活動が含まれる教科外教育は生活指導を行うものであり，訓育（道徳性や社会的態度の形成）を目的とする，と整理している。ただし，教科外活動は訓育のみを目的とするのではなく，陶冶にも寄与し，授業と一体となって人格形成に向かうものとされている（柴田，2006，24〜25頁）。

　教科外活動が道徳性などの形成に大きな役割を果たすことに異論はないであろう。さらに，教科の教育実践においても，授業を通して，よりよい集団をつくる試みが行われてきた。たとえば体育科教育では，運動能力や技能習得に差がある子どもが集団でよりよく学べるように，教育目標を読み直して授業をつくる試みが行われてきた。特別活動の学びをより豊かにするためには，こうした授業における集団づくりの成果を生かし，どのような集団をつくっていくのかを教育課程全体で意識していくことが重要となる。そのことによって，特別活動で培われた集団性を，授業での学び合いに生かすことも可能になる。

［ 2 ］　自主性を育む学校行事のあり方

（1）教育課程における学校行事の意味

　多くの子どもにとって，特別活動の中で印象に残るのは学校行事であろう。学校を外から見る際にも，学校行事は学校の性格を掴むうえで重要な要素となる。

　2017年の学習指導要領では，学校行事の目的は「全校又は学年の児童で協力し，よりよい学校生活を築くための体験的な活動を通して，集団への所属感や連帯感を深め，公共の精神を養いながら，第1の目標に掲げる資質・能力を育成することを目指す」とされ，ここでも子どもが集団で取り組むことが強調されている。

　学校行事の内容は5つの種類に分類され，小学校と中学校で枠組みに大きな差はない。始業式や卒業式などを含む儀式的行事，文化祭などを含む文化的行

事，球技大会や体育祭などを含む健康安全・体育的行事，遠足や修学旅行などを含む遠足・集団宿泊的行事（中学校，高等学校は旅行・集団宿泊的行事），ボランティア活動や職場体験などを含む勤労生産・奉仕的行事の５つである。学校の中では，実に様々な行事が行われている。

　学校の教育活動において重要な意味をもつので，学校行事は教育学においても検討の対象になってきた。竹内常一は，学校行事は民主主義的な性格をもつものであり，子ども自身が行事運営の主体とならなければならないとした。竹内は学校行事の時間的な側面にも着目している。すなわち，学校行事は非日常的，非継続的な性格をもつものであり，そのことによって日常的生活を総括するものになるのである（竹内，1980，252〜255頁）。

　竹内の論で着目したいのは，日常的生活の総括という言葉である。学校行事があることで，それまで行ってきた学習の総括を行う場が生まれる。それがなければ，子どもは同じテンポの学びを淡々と続けるだけになり，学びは味気ないものとなる。また表現の場，総括の場があれば，子どもの学校生活にも区切りが，竹内の言葉を借りれば「節」が生まれるようになる。「節」を目安にすれば，子どもは自分の学びの道筋をイメージしやすくなる。

　見方を変えれば，学校行事の時間的な側面に着目すれば，学校が子どもの学びや学校生活をどのように総括し，それをどのように区切ろうとしているのか，さらにいえば学校の教育課程をどのような方針のもとに編成しているのかを読み取ることができる。

（2）他領域と関連する学校行事

　教育課程において，特別活動と他領域とを結びつける必要性については第1節において指摘した。では学校行事と他領域とはどのように関係づけることができるだろうか。ここでは，教科との関係づけを中心に考えてみたい。

　行事と教科との結びつきということで考えた場合，最も想定しやすいのは，体育科と体育祭などの体育的行事であろう。日本の学校にとって体育祭は一大イベントであり，体育科の時間などを使って体育祭のための準備が行われてい

る。そして体育祭は，子どもたちが習得した技能を発揮する場となっている。組体操やダンスなどの種目は，体育科で学んだ自分たちの表現を発表する場を提供している。発表の場がなく自己表現を磨き続けるということは，動機づけの面などから考えても，子どもにとって辛いものになるだろう。宿泊行事の一環である修学旅行も教科学習との関連性が見出しやすい行事である。どのような場所に行くとしても，地理の学習がその準備段階で必要とされてくる。長崎や広島，そして沖縄などで平和学習を行うのであれば，歴史の学習が必要となる。旅行先が海外であるならば，英語の学習も関連づけて行われるであろう。

　ここで，少し視点を変えて，高等学校における学校行事と他領域との結びつきについて，考察してみたい。小中学校では行事は主に生活をともにする学級を基本単位として行われる。それに対して，子どもの学びに多様性が出てくる高等学校では，行事のために新たな集団が形成されることもある。私立和光高等学校では，生活集団ではなく，学習集団を核とした修学旅行を行っている。学校側がいくつかのテーマを用意して講座を開設し，その学びを通じて形成された集団がその学習目的に沿って旅行先を選択する（和光高校，2007，232～238頁）。他領域との結びつきを意識することは，行事の目的をより明確にすることにもつながるのである。

　高校になると，小学校や中学校よりも教育課程に各学校の独自色が表れるようになる。学校行事も同様に，学校の特徴を反映するものになる。たとえば，農業科をもつ高校では，文化祭は収穫祭としての意味ももつことになり，これまでの教科での学習成果を発表したり，それを地域に還元したりする場になる。

　こうした行事の中でとりわけ面白いのが，商業高校などで行われているデパートを模した行事である。生徒が企業とタイアップして開発した商品や自ら仕入れを行った商品を，学校の体育館などに陳列して，生徒自身が地域の人々に販売するものである。

　地元メディアなどにもたびたび取り上げられる岐阜市立岐阜商業高等学校の学校行事である市岐商デパートの様子は，学校のウェブサイトでその内容を知ることができる。販売を行う日に向けて，生徒たちは，非常に長い時間をかけ

て学習に取り組む。年度始めに株式会社を模した学内組織を生徒たちがつくり，販売課などの部署を設置して，それぞれの部署に生徒が所属する。この組織は，生徒から集めた資金によって運営され，利益が出た場合は生徒たちに還元されたり，寄付が行われたりする。デパートの開催のために，生徒が学習した簿記の知識や販売の知識が活用される。

　市岐商デパートという行事を媒介とすることで，生徒は学校の中だけで学習を完結させず，実社会とのつながりを体験しながら学習をすることが可能になっている。行事によって，より真正性の高い学びが可能になっているといえるだろう。さらにいえば，行事を核にした教育課程編成の可能性を私たちに示してくれている。

（3）児童会・生徒会の役割

　続いて，子どもの自主性を尊重するという特別活動の意義を鑑み，行事における子どもの自主性について考えてみよう。自主性を純粋に追求するのであれば，教師のあつらえた場で自主性を発揮するのではなく，その枠を自ら取り壊し，新しい行事を創造するようになることが望まれるだろう。しかし，個々の子どもが行事を新しく創造することは難しい。そのために，学級や生徒会といった子どもの意思を代表する組織が必要となる。

　生徒会の活動などを通して，子どもが行事を創造していくことは可能であろうか。漫画家矢口高雄の中学校時代をまとめたエッセイ漫画『蛍雪時代』は，作者自身が今日的な事情とは異なっていることを意識してはいるものの，子どもの組織が行事を創造していく可能性を垣間見せてくれる作品である。作品の舞台は1950年代の秋田の農村の中学校で，民主主義に根ざした新しい教育体制のもと，子どもたちが自主的に行事を企画し，ときには教員に要求を行い，教員集団や地域の人々に支えられながら，行事を行う姿が生き生きと描かれている。子どもの自主性が尊重される特別活動を，子どもの側から描写したという点でも注目すべき作品である。

　矢口は生徒会長を務めた昭和29年度において，実に様々な行事の創造に携

わっている。「成瀬小唄」というエピソードでは，夏休みのだらけ防止を議論する生徒会の会議の際，お盆に学校で盆踊りを開催して，夏休みに区切りをつけようという提案がなされる。提案が可決された後の主人公たちの行動は非常にパワフルだ。中学生に相応しい唄を使おうということで，全校に歌詞を募集し，楽曲と振りつけを教員に要求する。教員だけではなく，保護者たちとも連携を取って，盆踊りの体制を整えていく。

エピソード「七人の侍」では，「成瀬小唄」と同じ夏に行われた映画会の模様が紹介されている。生徒会予算を確保するために，主人公たちは街の映画館の協力のもと，当時の話題作であった黒沢明監督の「七人の侍」を中学校の体育館で上映することに成功し，大きな収益を上げる。ここまでくれば，財政的な面でも学校の運営に子どもが関わっていたといえるだろう。

その他にも，農作物の交換を趣旨とした農産物品評会「ホームプロジェクト展」の開催，仕事が忙しくて学校に来たことがない保護者を文化祭に呼びたいという願いに答えた文化祭の夜の部の開催などが，生徒会を中心とした子どもの側からの発案によって実現している。それは学習指導要領の行事の目標として示されていた「よりよい学校生活を築くための体験的な活動」を具現化したものといえよう。

矢口の取組みを別の角度から評価するのであれば，行事を創造することを通した学校の教育課程編成への参画ということになるだろう。内容の詳細が定められていない行事であるからこそ，子どもにとっての創造の余地が残されている。行事が固定化されたものになってしまえば，子どもが教育課程編成に参加する機会は減少し，学校を変革する契機も奪われてしまうことになる。

3 これからの特別活動の展望

（1）社会に開かれた行事

2017年に告示された学習指導要領によって，学校教育のあり方に大きな変化が訪れようとしている。ここでは，新しい学習指導要領を踏まえたこれからの

特別活動の展望について述べていきたい。

　まず注目したいのが，学校が「社会に開かれた教育課程」を編成することが求められていることである（第6章を参照）。このような教育課程を編成する際には，特別活動が大きな役割を果たすことになるだろう。とくに学校行事は，その中心となるはずである。なぜならば，学校行事はこれまでも地域とのつながりを密にして行われてきたから，言い換えれば「社会に開かれた」活動を行ってきたからである。たとえば，前述した市岐商デパートは，2014（平成26）年には岐阜市の柳ヶ瀬商店街の協力のもとで，商店街のアーケード通りに出店して行われている。そのほかにも，地域の住民に開かれた行事は数多くある。行事は，地域の住民が学校の教育課程に関わる機会を提供し，また子どもたちが地域の中で学ぶ機会を提供してきたのである。

　一方で，地域社会に変化が起これば，地域と学校の結びつきを新たに模索していく必要性が生まれる。そこでは，どのような関わり方が構想されうるであろうか。また行事はどのような役割を果たすべきであろうか。行事を通した地域と学校の関わりということに示唆を与えてくれるのが，宮城県の中学校で行われた制野俊弘による体育祭の実践である（制野，2016）。

　2011（平成23）年の東日本大震災において自身も被災した制野は，様々な要因によって学校を含む地域が崩壊しているという危機感をもち，体育祭に地域の再興を託す。「五七三四人の軌跡〜生徒は地域のために，地域は未来のために〜」と銘打たれた体育祭は，地域の神輿を担ぐ催しや，卒業生による聖火リレーなど，地域とのつながりを意識したものになっている。これらは子どもたちの企画から誕生したものである。もちろん，体育祭は地域にひらかれ，様々な人がその場に集まったことで，学校が「再会の場」になったと制野は指摘している。

　制野は文化を生産する場として学校を捉え，運動会以外にも地域の新たなアイデンティティとなるような文化を発信していこうとしている。それと同時に，地域を見つめ直すことを子どもに求め，そこから子どもたちの深い洞察も生まれている。制野の考え方を参考にして「社会に開かれた教育課程」について考

えてみると，ただ単に地域の事柄を学ぶだけではなく，行事などを通じて文化を発信して主体的に地域と関わりながら学ぶことで，子どもは地域についてより深く学べることになる。このような考え方が「社会に開かれた教育課程」を編成していくうえでの一つの方向性になるのではないだろうか。

（2）コンピテンシー・ベースのカリキュラムにおける特別活動

2017年告示の学習指導要領において，特別活動はこれまでの方向性を踏襲している。しかし，学習指導要領全体の方向性に大きな変化が見られたため，その性質は変わっていくことが予想される。

まず，大きな変化としてあげられるのは，小学校に外国語科が新設され，教科の時間が増加したことであろう。教育課程の中で教科の学習が重視されるようになれば，上述したような正規の時間以外でも行われてきた特別活動に関わる教師と子どもの自主的な活動は行いにくくなると考えられる。

一方で，新しい学習指導要領が，「主体的・対話的で深い学び」を通して，資質・能力を形成することを求めたことは，特別活動に大きな可能性を与えたといえる。ここでいう資質・能力は教科の枠組みにとどまらず，より包括的な能力としても捉えられている。理念上は，どのような内容を習得させるのかではなく，どのような能力を獲得させるのかに重きが置かれて，教育課程が編成されるようになった。このような教育課程は，コンピテンシー・ベースのカリキュラムといわれている。

コンピテンシー・ベースのカリキュラムについては，「『学力向上→教科の授業改善』という狭い図式を問い直し，教科外活動も含め，カリキュラム全体で人間形成を考えていく可能性」が，石井英真によって指摘されている（石井，2015，10頁）。前述した市岐商デパートの取り組みなどは，この可能性を具現化したものといえるのではないか。「主体的・対話的で深い学び」が資質・能力形成の手段とされたことも，特別活動にとって意味がある。なぜならば，子どもの主体性や集団での学びを特別活動は重視してきたからである。

一方で，資質・能力の習得が教育課程全体で目指され，特別活動が大きな役

割を果たすことに対しては懸念も存在する。21世紀型スキルや OECD の
キー・コンピテンシーに代表される新しい能力観は，子どもの多様な学びを一
元化された教育目標だけで評価してしまう危険性を秘めている（第7章を参照）。
第1節において，学習指導要領に示される特別活動の教育目標を掲げたが，そ
こにある「次のとおり資質・能力を育成することを目指す」以降の書式は，前
回の学習指導要領にはなかったものであり，特別活動がどのような能力を育成
するのかがより明確にされているのである。

　しかし，教師が特別活動の教育目標とそのための学習活動を固定的なものと
して捉えれば，本来特別活動がもっていた子どもの自主性という側面を奪い，
教師の望むような学習活動に特別活動が矮小化されてしまうおそれがある。こ
れは特別活動に限らず，その他の領域にも起こりうることである。子どもの自
主性による新たな学習活動を創造してきた特別活動の意義をいま一度確認し，
その考え方をその他の領域の学習に還元していくことが，これからの特別活動
には求められる。

（3）クラブ活動から考える特別活動のあり方

　これまで，教育課程における特別活動の位置づけとその他の教育活動とのつ
ながりについて述べてきた。最後に，クラブ活動の議論を参考にしながら，こ
れからの特別活動について考えたい。

　近年，クラブ活動，とくに運動部活動に関する議論が盛んに行われている。
子どもが感じる勝負への重圧やその他の教育活動への影響，教師の負担増など
が問題として取り上げられている。一週間に部活動を休止する日を設け，子ど
もと教師の負担を減らす試みも行われている。それとともに，クラブ活動はな
ぜ行われるのかという非常に素朴な疑問が問い返されている。

　学習指導要領を見てみると，小学校において必修活動であるクラブ活動は，
その目標が「異年齢の児童同士で協力し，共通の興味・関心を追求する集団活
動の計画を立てて運営することに自主的，実践的に取り組むことを通して，個
性の伸長を図りながら，第1の目標に掲げる資質・能力を育成することを目指

第4章　特別活動の教育課程

す」と記述されている。それに対して，中学校，高等学校においては必修となっていない。ただし，学校の教育活動から完全に独立しているわけではないことは，子どもの学校生活において重要な位置を占めることからも明らかである。

　小学校の記述を見れば，クラブ活動は子どもの自主的・自発的な取組みを教師が支援する教育活動である。しかし，神谷拓が指摘しているように，中学校，高校の部活動，とくに運動部活動では，その教育的な意味が明らかにされておらず，結果として競技成績の重視による教師と子どもへの負担増を生み出している。神谷はクラブ活動の教育目的を①練習・試合，②組織・集団，③場・環境の3つに関して子どもが自治を行うこととし，その達成のために教師が支援を行うべきだと主張している（神谷，2015，287〜290頁）。この枠組みは，特別活動についてもあてはめうる枠組みである。

　神谷の論について付加して述べておきたいのは，自治に関する評価の構想である。先ほど述べたように，資質・能力の獲得が強調されるのであれば，子どもにそれを保障するために，特別活動の評価をどのように行うのかをいま一度再考せねばならない。神谷の構想は，「何を決めてきたのか」「どのような自治を経験してきたのか」を子どもに自己評価をさせ，上述の①〜③に関して，まだ決めていなかったり，経験していなかったりすることを教師と子どもの次の課題にするというものである。

　子どもの自己評価と教師の評価を軸にして特別活動の目的を決定していくという考え方は，子どもに資質・能力を保障しつつ，子どもの自主性を尊重する点で大切なものであろう。

引用・参考文献

石井英真（2015）『今求められる学力と学びとは──コンピテンシー・ベースのカリキュラムの光と影』日本標準。

神谷拓（2015）『運動部活動の教育学入門──歴史とのダイアローグ』大修館書店。

岐阜市立岐阜商業高等学校ウェブサイト（http://www.shigisho.ed.jp）

柴田義松編（2006）『教育課程』学文社。

新興出版社啓林館（2007）『復刻版　尋常小学算術』新興出版社啓林館。

制野俊弘（2016）『命と向きあう教室』ポプラ社。

竹内常一（1980）『生活指導と教科外教育』民衆社。
矢口高雄（1992～93）『蛍雪時代——ボクの中学生日記　第1～5巻』講談社。
和光学園八〇年史編集委員会編（2013）『和光学園八〇年史』和光学園。

（学習の課題）

(1)　自分が住んでいる地域の学校を取り上げ，ウェブサイトなどを参照しながら，行事を通じて学校と地域がどのように関わっているのかを考察しましょう。

(2)　自分に縁のある学校の行事を取り上げ，開催時期，参加者，他の教育活動との関係，地域とのつながりなどを分析しながら，教育課程における役割について考察しましょう。

(3)　教科を1つ決め，学校で行われている特別活動とどのように連携できるのかを考えましょう。

【さらに学びたい人のための図書】

神谷拓（2016）『生徒たちが自分で強くなる部活動指導——「体罰」「強制」に頼らない新しい部活づくり』明治図書。
　　⇨運動部活動の指導をどのように進めていくべきなのかについて，具体的な場面を想定しながら解説した著書である。

和光高等学校（1993）『高校生のフィールドワーク学習』星林社。
　　⇨ホームルームクラスなどの生活集団ではなく，学習集団を組織して行われる修学旅行の具体的な様子を知ることができる。

（徳永俊太）

第5章 戦後の教育課程の変遷

この章で学ぶこと

　戦後の学習指導要領の改訂の歴史を概括的に整理し，改訂の背景にある歴史的事情，思想，社会的背景を理解してほしい。その際，学習指導要領の変遷を駆動した学力問題と学力論争に着目して，4つの時期に区分した。すなわち，戦後初期の「経験主義教育課程期」，「教科主義（または系統主義）教育課程期」「ゆとり教育政策期」そして「PISA・グローバル化期」である。それぞれの時代の特徴を整理して理解してほしい。

1　学力問題と学習指導要領の変遷

　日本のナショナルカリキュラムである学習指導要領は，およそ10年単位で改訂されているといわれている。昭和22（1947，以下，西暦を基本とする）年に戦後初の学習指導要領が誕生して，今日に至るまで，大きな改訂として8回の改訂が行われたことになる。それを表5-1のように年表に表してみた（改訂年は太字で示している）。結論を先に述べれば，戦後の学習指導要領の変遷は，学力問題を基軸として展開してきたといえる。

　表5-1の小年表を眺めてみると，興味深いことに気づく。下線を引いたところは，戦後教育史を代表する学力論争である。1950（昭和25）年前後に行われた「基礎学力」論争，「問題解決学習」論争，1975（昭和50）年前後に行われた「たのしい授業」論争，「科学と生活をめぐる学力」論争，2000（平成12）年前後に活発化した「学力低下」論争である。実に，約25年単位で「学力」をめぐる大きな論争が起こったことが理解できよう。さらには，それらの学力論争を起点として，次に説明するように学習指導要領の性格が大きく転換したこと

61

表 5-1 学習指導要領の変遷に関する小年表

教育情勢・教育政策	西暦	教育実践・教育論争
第二次世界大戦終結	1945	
日本国憲法	1946	
教育基本法	1946	
第一次米国教育使節団報告書	1946	
学習指導要領一般編（試案）	**1947**	経験主義の立場（社会科の誕生）
	1948	「コア・カリキュラム連盟」結成
	1949	「歴史教育者協議会（歴教協）」結成
学習指導要領一般編（試案）改訂	**1951**	数学教育協議会（数教協）結成
		無着成恭編『山びこ学校』
		「基礎学力論争」（1940後半〜1950前半）
		「問題解決学習論争」（1940後半〜1950前半）
スプートニク・ショック	1957	東井義雄『村を育てる学力』
小・中学校学習指導要領改訂	**1958**	系統学習の立場
経済審議会「国民所得倍増計画」	1960	遠山啓・銀林浩『水道方式による計算体系』
		斎藤喜博『授業入門』
「全国一斉学力テスト（中学校）」	1961	「学力モデル」論争（1960前半）
経済審議会・能力主義の主張	1963	ブルーナー『教育の過程』翻訳
	1967	柴田義松他『現代の教授学』
		広岡亮蔵『教育内容の現代化』
小学校学習指導要領改訂	**1968**	学問中心主義の立場
「落ちこぼれ」問題の顕在化	1971	中内敏夫『学力と評価の理論』
		「たのしい授業論争」（1970前半〜1980後半）
	1975	「科学と生活をめぐる学力論争」
小・中学校学習指導要領改訂	**1977**	「ゆとり教育」政策の開始
	1982	「校内暴力問題」の顕在化
	1985	「いじめ」問題の顕在化
小・中・高等学校学習指導要領改訂	**1989**	「新しい学力」観の提唱，「生活科」新設
ソビエト連邦消滅・バブル経済崩壊	1991	「不登校問題」の顕在化
小・中学校学習指導要領改訂	**1998**	「総合的な学習の時間」の設置
	1999	岡部恒治編『分数ができない大学生』
		「学力低下論争」の勃発
指導要録改訂（目標準拠評価へ転換）	2001	
指導要領の一部改訂	2003	「確かな学力」提唱
PISA ショック（読解力低位）	2004	
改正学校教育法（第30条2項）	2007	学力の法的規定
小・中・高等学校学習指導要領改訂	**2008**	「活用能力」志向
	2016	国研編『資質・能力』
小・中・高等学校学習指導要領改訂	**2017**	資質・能力重視

出典：筆者作成。

第5章　戦後の教育課程の変遷

に気づく。もちろん，この25年単位説は年表を作成してみて帰納的に発見したものであるが，あながち間違っているとはいえない。吉見俊哉によれば，「二十五年単位説」には，人口学的経済学的根拠があるとされているからである。それでは，まずは戦後教育史を代表する学力論争の概略を示し，次に各時代の教育課程の考え方とそれをめぐる論点を整理しておきたい。

（1）「基礎学力論争」と「問題解決学習論争」

　いわゆる戦後「新教育」期に登場した，1947年と1951（昭和26）年の学習指導要領で採用された経験主義の教育課程に対して，「新教育で読み書き算の学力が低下している」という親たちからの不安や不満が噴出した。このような状況を背景として，「基礎学力の防衛」を主張した国分一太郎を代表として基礎学力論争が展開される。また，経験主義の教育課程を教育現場で推進していたコア・カリキュラム連盟に対しては，矢川徳光が，「はいまわる経験主義」であると厳しく批判したことを始点として，「生活単元学習」や「問題解決学習」をめぐる論争が行われる。

　「もはや戦後ではない」とする『経済白書』（1956年）の言葉に象徴されるように，経済政策の大転換（「国民所得倍増計画」1960年など）を背景として，1958（昭和33）年改訂の学習指導要領には「基礎学力の充実」「系統性の重視」が登場し，戦後初期の「新教育」からの転換が行われることになる（経験主義と系統主義については第1章を参照）。

（2）「たのしい授業論争」と「科学と生活をめぐる学力論争」

　1968（昭和43）年改訂の学習指導要領の特徴は，「系統性」を推し進めた1958年改訂の学習指導要領をさらにパワーアップするものであって，当時のアメリカや旧ソビエトでも進行しつつあった教育課程改革の影響も受けて，「教科内容の現代化」（現代科学の最先端の内容を反映した教育課程）または「学問中心教育課程」（学問の基本構造を反映した教育課程）と呼ばれるようになる。日本では，小学校に「集合論」が導入されたことに象徴されるように，高度な教科内容の

63

低年齢化が図られることになった。

　このようなドラスティックな改革の中で，全国教育研究所連盟が行ったアンケート調査の結果報告（「授業についていけない子が半数以上いる」1971年6月）は，衝撃的なインパクトを与え，以後「落ちこぼれ」問題や学力格差問題が注目されるようになる。

　また，1972（昭和47）年にIEA（国際教育到達度評価学会）が行った国際数学・理科調査において，日本の子どもたちの学力水準が世界のトップクラスであると報告される一方で，学習への「関心・意欲」が世界的にみて低レベルであることが問題視されることになる。

　このような動向の中で，教科内容の系統化，高度化の中で主張される「わかる授業」に対して，子どもの主体的で能動的で集団的な学習を強調する「たのしい授業」と総称される立場からの批判が行われた。また，1975年には「病める学力」を象徴する「四本足のニワトリ」を描く子どもたちをめぐって，その原因を高度経済成長期の地域破壊にあるとする「生活」重視派と，進化論が的確に教えられていないからだとする「科学（学問）」重視派との激しい論争が展開された。

　1970（昭和45）年代初頭に勃発した石油ショックによって，高度経済成長から低成長時代に突入する（1974年には戦後初めて経済成長率がマイナスとなる）という経済的な背景のもとに，また，学力格差や「病める学力」問題などを背景として，1977年改訂の学習指導要領において，「ゆとりある充実した学校生活」というスローガンがクローズアップされ，以後いわゆる「ゆとり教育」政策が展開されることになる。

（3）「学力低下」論争

　「ゆとり教育」政策のもと，1989（平成11）年改訂の学習指導要領において，知識・理解・技能の習得以上に，生徒の関心・意欲・態度を重視する「新学力観」が提唱されるとともに，「生活科」の創設がなされる。さらに，「生きる力」を目指し，「総合的な学習の時間」を設定した，1998（平成10）年の改訂へ

と続くことになる。このような「ゆとり教育」政策の背景には，先述した学力問題とともに，校内暴力（1982年に顕在化），いじめ問題（1985年に顕在化），不登校問題（1991年に顕在化）と続く学校の「荒れ」現象があり，人間中心教育課程（知的能力のみならず，人間の全体的能力を反映した教育課程）が目指されたのである。

　しかしながら，1998年の改訂直後に出された1999年3月26日付『週刊朝日』において，「東大，京大生も『学力崩壊』」というセンセーショナルな記事が掲載された。その直後に経済学者たちによる『分数ができない大学生』（東洋経済新報社，1999）が刊行され，大学生の学力が危機的な状況にあることが印象づけられた。さらには学習指導要領における「ゆとり教育」政策がその原因であると批判され，「学力低下論争」へと発展していく。その危機感から，教育現場ではいわゆる「読み書き算」の基礎学力向上を目指すドリル学習が盛んとなる。このような「ゆとり教育」政策への批判的な状況に呼応するように，当時の文部科学相による「学びのすすめ」（2002年1月）というアピールが出され，2003（平成15）年には学習指導要領の一部改訂（「確かな学力」の育成と「習熟度指導」と「発展的な学習」を強調）が断行され，教育課程行政の転換を方向づけることになった。

　ところで，この2000年前後の学力問題においては，過去にはなかった新しいインパクトが加わっている。それが学力の国際比較調査，とりわけ PISA であり，PISA が採用した学力の活用力を意味する「リテラシー」概念が注目を受けることになった。とくに注目された第2回 PISA（2003年）の結果は，科学や数学の分野では国際的にトップ・クラスの成績であったが，読解力（reading literacy）では成績は芳しくなく（PISA ショック），折からの「学力低下論争」と重なって，教育政策においても読解力重視が強調されることになった。2008（平成20）年改訂の学習指導要領改訂は，知識基盤社会をめざすグローバル化の影響のもとになされたものであり，続く2017年改訂においては，同じくグローバル化のもとで「資質・能力」の育成を目指して，「主体的・対話的で深い学び」（アクティブ・ラーニング）による授業改善が提起されている。

表5-2　学力論争と学習指導要領の改訂

指導要領の改訂時期と特徴	学 力 論 争
1946年，1951年 　経験主義教育課程	
	1950年前後 　基礎学力論争・問題解決学習論争
1958年，1968年 　教科主義教育課程・学問中心教育課程	
	1975年前後 　たのしい授業論争・科学と生活をめぐる論争
1977年，1989年，1998年 　人間中心教育課程・ゆとり教育政策	
	2000年前後 　学力低下論争
2008年，2017年 　確かな学力 　資質・能力の育成	

出典：筆者作成。

　以上の学力論争を起点とした学習指導要領改訂を時期区分すると，表5-2のようになる。それでは，次に各時期の学習指導要領の特徴をより詳しくみていこう。

2　経験主義の教育課程の特徴と論点

（1）戦後教育改革と「新教育」

　日本は1945年9月2日に敗戦を迎えることになり，同時にアメリカを中心とする占領軍から戦後教育に関する大きな教育改革が提示される。「教育に関する四大総司令部指令」の一つに，「修身，日本歴史及ビ地理停止ニ関スル件」（1945年12月31日）が出され，戦後教育の花形教科とされる社会科の誕生が準備されることになる。さらには，戦後教育のマスタープランとなる第一次米国教育使節団（進歩主義者が中心）報告書（1946年3月来日，翌月にGHQに提出）が出され，明治5（1872）年学制発布以来の近代日本教育史を画する文書となった。

66

この報告書（ミッションレポート）は，進歩主義の影響が強く，「教科本位から生活本位へ」「教師本位から児童本位へ」の転換が推奨されていた。

1947年に誕生した戦後最初の学習指導要領は，文字通り「学習を指導する書」であって（戦前においては「教授要目」等と呼称），児童の発達に則すること（レディネス重視）や児童の経験を重視するというメッセージが込められていた。さらには，1947年とそれを洗練したとされる1951年の学習指導要領は「試案」と明記され，その意味するところは今後改良の余地があるという意味以上に，教師の教育課程研究を励ます意図を込めて，「手引き」とされたのである。

さて，戦後初期に発案された1947年と1951年の学習指導要領の思想的な基盤として，デューイ（Dewey, J. 1859〜1952）の教育・学校観が紹介された。もっとも，デューイの思想や理論が，どの程度正確に日本で紹介・実践されたかという点になると検討の余地があるが，当時のいわゆる「新教育」に与えたデューイの大きな影響を否定する人は少ないだろう。また，最近では「生活科」や「総合的な学習の時間」の思想的な根拠として，デューイの考え方が再評価されるようになっている。そこで，デューイの教育・学校観によって生活を重視する経験主義の教育課程の思想を代表させてみたい。

（2）デューイの教育観，学校観

教育の世界においてデューイの名前を有名にしたのは，シカゴ大学の附属実験学校の創立とその実践を紹介した講演記録である『学校と社会』（1899）の出版だった。「（新教育は）子どもが太陽になり，その周囲を教育の諸装置が回転する」とした教育におけるコペルニクス的な転回を宣言した本書は，世界の新教育運動に強いインパクトを与えた。

『学校と社会』で描かれた近代学校の問題点はきわめてシャープなものだった。デューイは，19世紀後半の産業革命の進展によって，従来機能していた家庭や地域の教育力が衰弱したという問題意識のもとに，学校に家庭や地域の教育力を導入すること（たとえば作業教育など）によって，経験の再構成としての学校教育の活性化を試みようとした。

したがって，デューイにあっては「教育は，生活の過程であって将来の生活に対する準備ではない」（生活準備説批判）のであって，現代を生きる子どもに大人の判断で将来必要になるからとの理由で文字通り砂をかむような「勉強」をさせるのではなく，今ここに生起している問題に実際に取り組むことによってこそ，本物の学習・知性は成立すると考えたのである。

ここで注意しなくてはならないのは，「なすことによって学ぶ」とは単なる体験を豊かにするという意味ではないということである。実験学校で採用された「作業」（オキュペーション）は，家庭生活の衣食住に関わる仕事（裁縫，料理，木工）を意味するが，デューイはこれらの「仕事」をより広い社会的文脈（社会の仕組みや人々の仕事のあり方）の中で捉え，子どもを社会生活の研究へと導こうと意図した。たとえば，子どもたちは羊毛に触れ，それが衣服になる工程を探るなかで，繊維の研究，産地の地理的特徴，生産機械装置に含まれる物理学などの科学を学んでいった。ここでは，「情報」（information）はそれ自体としては意味がなく，この研究や問題解決に生きることによってはじめて「知識」（knowledge）となると考えたのである。

このようなデューイの考え方が教育課程に具体化されると，問題選択の枠であるスコープ（scope）として社会機能法が，他方問題排列の順序であるシーケンス（sequence）として児童の経験領域の地域的拡大法（同心円拡大法）が採用され，その交差するところに「単元」（unit）が成立すると考えられたのである。アメリカで開発されたカリフォルニア・プラン（1930年）やバージニア・プラン（1934年）は典型的な経験主義の教育課程とされ，戦後初期の学習指導要領に大きな影響を与えることになる（スコープとシーケンスについては第1章を参照）。

（3）経験主義批判

しかしながら，このような経験主義の教育課程に対しては，戦後日本において起こった「問題解決学習論争」や「基礎学力論争」の中で，次のような問題点が指摘されるようになる。問題解決学習によれば，先述したように，問題解決のプロセスを通じて主体内部に有機的な知識（真の意味で knowledge）が構成

され，この過程を通じて実験的・科学的方法を体得すると考える。逆にいえば，この問題解決のプロセスを抜きにした information の教授は，詰め込み以外の何ものでもないのである。

これに対して，教科主義（学問の系統性に基づいた教育課程を主張する考え方）の立場からは，問題解決の必要に応じて事実や知識が選択されるとすれば，結果的に「断片的経験に断片的知識をかぶせたもの」であり，「はいまわる経験主義」になると批判する。問題解決を行うためには，まず何よりも知識の系統的な教授が優先されるべきであって，それこそが子どもの将来の生活に必要なものと考えられたのである。もちろん，このような批判に対しては，経験主義の側からはそれこそ生活準備説であって，知識の詰め込みになるとの反論がなされた。

また他方では，経験主義の教育課程に対して，『山びこ学校』（1951）に代表される生活綴方の立場から，想定されている「生活」が敗戦直後の日本の現実からみて，あまりにも「牧歌的」であると批判を受けることにもなった。

3 教科主義（系統主義）の教育課程の特徴と論点

（1）高度経済成長と教科内容の現代化

1950年代中頃から，大胆な経済政策が打ち出され，農業国日本から高度経済成長をめざす産業技術立国日本へと変貌（学歴の高度化とともに）していく。このような国策の変化も強力な動因として，1958年改訂の学習指導要領には「基礎学力の充実」「系統性の重視」が登場して，戦後初期の「新教育」からの転換が行われることになる。

1960（昭和35）年を前後して，アメリカや旧ソビエトそして日本において，いわゆる「現代化」と総称される動向が顕著になってくる。その共通する特徴は，飛躍的に進展する現代の科学技術（「知識爆発の時代」）に比して，学校で教えている教科内容は時代後れになっているという認識のもとに，現代科学の内容と方法でもって教科内容をドラスティックに再編成することを要求し，かつ

当時の発達心理学の知見（ピアジェ Piaget, J. など）を援用しつつ，そのことは子どもにとっても学習可能であるという主張だった。とくに，アメリカや日本においては，進歩主義や経験主義に対する批判意識とそれに代わる知的卓越性（excellence）をめざす教育課程論の確立ということが強く自覚された。文部省（当時）の学習指導要領も，このような動向を反映して，「系統学習」（1958年改訂），「現代化」（1968年改訂）を打ち出していく。また，日本においてはもうひとつの現代化として民間教育研究団体から，この時期遠山啓たちによる「水道方式」や板倉聖宣たちによる「仮説実験授業」，さらには明星学園の教師たちを中心とする「にっぽんご」の指導体系が考案されることになる。

　1968年改訂の学問中心教育課程である学習指導要領に，その思想的な根拠を与えたのはブルーナー（Bruner, J. S. 1915〜2016）の考え方だった。

（2）ブルーナーの考え方

　ブルーナーの名が歴史の舞台に登場するのは，1959（昭和34）年に開催されたウッヅ・ホール会議の議長を務め，その会議の内容をまとめた『教育の過程』〔ブルーナー，1963（原著1960年）〕を出版したことによる。ウッヅ・ホール会議とは，1957年に旧ソビエトが人工衛星の打ち上げに成功し，そのことがアメリカにおける科学技術教育の立ち後れを自覚させ（「スプートニック・ショック」），全米科学アカデミーによって当代一流の科学者や心理学者をウッヅ・ホールに召集して，科学技術教育のカリキュラム開発について論議した会議のことである。『教育の過程』は学問中心教育課程の福音書として世界で読まれていく。

　当時のブルーナーが厳しく批判したのは，生活適応教育であって，論文『デューイの後に来るもの』（1962）はデューイの『私の教育信条』（1897）を逐次批判することによって，教科主義の教育課程，その典型としての学問中心教育課程の立場を鮮明に宣言するものであった。そのもっとも重要な主張は，学校固有の役割を強調して，学校と社会は連続しているのではなく，社会から飛躍する場所であるとしているところである。

第 5 章　戦後の教育課程の変遷

　ブルーナーによれば，まず学問のもつ基本的な観念である「構造」（structure）を重視する。たとえば，生物体にはある環境刺激に対して一定の反応を示す「走性」（tropism）という性質がある。尺取虫はどのような角度の板塀を登るときにも最大傾斜15度の傾きを維持するとか，太陽光に対して植物は正か負の走光性を示すことなどである。このように多様な自然現象に「走性」という観念をもち込むことによって，自然現象に対してより本質的な理解に到達できるとともに，そのことによって記録力や転移力を増すことができると指摘する。

　しかしながら，このような現代科学の最先端で解明されつつある「構造」を，はたして発達途上にある子どもが理解できるのかという問いが発せられることであろう。この点について，ブルーナーは「どのような教科であっても，どの発達段階のどの子どもであっても，知的性格をそのままに保って，効果的に教えることができる」（ブルーナー仮説）と主張する。この場合の発達段階とは活動的（enactive），映像的（iconic），記号的（symbolic）な段階を意味し，それぞれの発達段階の特質に応じて教材や教具を工夫すれば，「構造」の教授は可能とされる。たとえば，「二次関数」を「バランス・ビーム」で教えるといった工夫である。さらには，このような発達段階に即して，「構造」を繰り返し教える「ラセン形教育課程」を提起する。

　以上の考え方に基づいて，PSSC 物理（1956年），SMSG 数学（1958年），BSCS 生物（1959年），CHEMS 化学（1960年）といった学問中心教育課程が次々と提案され，わが国においても1968年改訂の学習指導要領に大きな影響を与えることになった。

（3）もうひとつの現代化

　当時の学習指導要領の現代化とは異なる文脈で，民間教育研究団体からも，日本独自のユニークな提案が行われる。ここでは，その中でもとくにユニークな「仮説実験授業」について紹介してみよう。「仮説実験授業」は，1963（昭和38）年に板倉聖宣，上迫昭，庄司和晃によって創案されたものである。その

重要な方法原理として，科学的思考は一般的で基礎的な概念・法則の授業によってのみ確実に養成されるというものがあり，明らかに「現代化」の考え方と通底している。ただし，「仮説実験授業」は，そのような基礎的な概念・法則を子どもに楽しく理解してもらうために，きわめて興味深い教材・教具と実験を準備している。

アメリカから日本に導入された「現代化」においては，教科内容の高度化と低年齢化を特徴とするものであったが，「仮説実験授業」の場合には科学的概念を意外性に満ちた教材や実験を工夫することによって，子どもたちに楽しく理解してもらおうとしている。後に，板倉聖宣は，「わかる授業」に対して「たのしい授業」を提唱するようになる。また，「仮説実験授業」は，教科学習を構成する要素である「教育目標—教材・教具—教授行為・学習形態—教育評価」を典型的に具現化したものといえるだろう。

（4）教科主義（系統主義）批判

学問中心教育課程に対しては，アメリカにおいては「（その学問や科学が）社会にとって適切であるかどうか，あるいは実際にその授業を受ける子どもに適しているかとか，役立つものであるか」という視点が欠落していたとして，主知主義的（すべてのことは観念や真理などの合理的要素に還元できるという考え）なアプローチとの批判を浴びて，「人間中心教育課程」が登場してくる。日本においても，教育課程が高度化，低年齢化する中で大量の「落ちこぼれ」が生じていることが1970年代のはじめに問題視されて，いわゆる「ゆとり教育」政策に転換していく。

戦後初期から1960年代までの学習指導要領を振り返ってみると，教育課程の編成原理として，「生活」を重視するのか，または「科学（または学問）」を重視するのかをめぐる論点が浮上する。やや結論的に述べれば，「科学」の裏づけのない「生活」だけでは脆弱な学力しか形成されないし，「生活」と断絶した「科学」だけでは歪みのある学力となるといえよう。さらに一般的に述べれば，学習指導要領の大きな変革が行われる際には，その準備のための教員養成，

第5章　戦後の教育課程の変遷

教員研修とさらにはその変革を支える教育財政の裏づけが必要であり，この面でも日本の現代化には無理があったというべきだろう。

4　ゆとり教育政策の特徴と批判

（1）ゆとり教育政策の展開

　学問中心教育課程による大量の落ちこぼれ現象を裏づけるように，国民教育研究所の調査（1975〜76年）や国立教育研究所の調査（1982年）は，その学力格差の実態を如実に示すことになった。学力格差さらには「病める学力」問題を受けて，1977（昭和52）年改訂の学習指導要領において，「ゆとりある充実した学校生活」というスローガンがクローズアップされて，以後いわゆる「ゆとり教育」政策が展開されることになる。既述したように，「ゆとり教育」政策により，1989年改訂の学習指導要領において，「新学力観」の提唱とともに，「生活科」の創設がなされる。さらに，「生きる力」を目指し，「総合的な学習の時間」を設定した，1998年の改訂と続くことになる。その直後に勃発した学力低下論争によって，「ゆとり教育」政策が転換されることになる。

　ここでは，「ゆとり教育」の元凶とされた「総合的な学習の時間」（以後「総合学習」と略称）について考えてみたい。

（2）総合学習のあり方

　教育課程において，総合学習をいかに位置づけるのかについては，およそ3つの立場がある。まず一つの立場は，教育課程全体を「総合学習」化しようとする構想である。この立場は，戦後初期のコア・カリキュラム連盟や同じく地域教育計画（本郷プランや福沢プランなど）にみられるものである。その根底には，教科学習では，子どもの学習を制約し，断片化するという強い批判意識があった。二つ目の立場は，「教科の総合化」として「総合学習」を捉えようとする構想であり，事実上総合学習を否定するものである。この立場を代表する城丸章夫は次のように指摘している。「授業というものは，新しい知識をただ

73

情報として伝達すればよいものではなくて，伝達するためにも，既習事項を整理し，これと新しい学習内容を結びつけ，位置づけ，基本となる原則を確かめ，応用力のきく認識や技能として，学習者に定着させなければならないのである。そして，こういうことを達成することが知的訓練であり，その結果として生まれてくるものが，学習内容の総合化・構造化なのである。教科の授業をきちんとやらないでおいて，その外側に，『総合学習』を設けて，なんとか総合化・構造化をはかろうとすることは，ちゃんとした食事をとらないで，栄養剤で栄養をとろうとする誤りに似ている」と。

　三つ目の立場は，「教科学習」と「総合学習」の独自性を認めて，両者を「相互環流」させようとする構想である（戦後初期のコア連の実験学校であった和光小学校の現在の実践はその典型例）。この立場からは，二つ目の立場に対して，「教科の総合化」に解消されない，「総合学習の総合とは何か」という問いが立つことになる。総合学習の独自性とは，教科学習とは違って，課題（テーマ）学習にあるのであって，そこから「課題の総合性と方法知の学習」「文脈的で批判的な学び」「直接経験の重視」という特質を指摘することができる。

　「ゆとり教育」政策の問題点を指摘した中央教育審議会（以下，中教審）の答申（2008年1月17日）では，「①「ゆとり」か「詰め込み」かの「二項対立」があったこと，②「子どもの自主性を尊重する余り，教師が指導を躊躇する状況」があったこと，③基礎的・基本的な知識・技能の習得やそれを活用する教科学習と探究活動を行う総合的な学習との「適切な役割分担と連携が必ずしも十分に図れていないこと」」という指摘がなされている。いうまでもなく，上述の三つ目（相互環流）の立場に基づいているといえよう。

　既述したように，教科学習の基本的な要素は「教育目標―教材・教具―教授行為・学習形態―教育評価」であり，総合学習の基本要素は「課題―探究―表現（評価）」である。もちろん，両者は学習の質（教科学習―learn，総合学習―research）が異なり，したがって形成される学力の質（教科学習―教科学力，総合学習―生成学力）も異なる。表にまとめてみると表5－3のようになる（総合学習に固有の学力については第3章参照）。

第5章　戦後の教育課程の変遷

表5-3　教科学習と総合学習の質的相違

	学力モデル	学 習 の 質	基 本 的 要 素
教科学習	教科学力	Learn（習得→活用）	教育目標―教材・教具―教授行為・ 学習形態―教育評価
総合学習	生成学力	Research（探究）	課題―探究―表現（評価）

出典：筆者作成。

5　PISA 問題と資質・能力の重視へ

　「ゆとり教育」政策は，「学力低下論争」と「PISA ショック」を経て，転換を余儀なくされる。その背景には，金融経済の展開によるグローバルな市場競争や IT 革命によって，「知識基盤社会」が到来したとの危機感から，その中で生きる（活きる）人材の養成が求められたことによる。まずは，PISA が与えた影響を考えてみよう。

（1）PISA の影響と学力モデル

　PISA のインパクトは，学校で学んだことが実生活で活用（apply）できるかどうかを重視する「リテラシー」概念を提起したことである（リテラシーについては第7章を参照）。この活用力は「習得」（learn）と「探究」（research）を媒介するものと位置づけられた。このことを踏まえるかたちで，改正学校教育法（2007年6月27日）の第30条（教育の目標）2項において「生涯にわたり学習する基盤が培われるよう，基礎的な知識及び技能を習得させるとともに，これらを活用して課題を解決するために必要な思考力，判断力，表現力その他の能力をはぐくみ，主体的に学習に取り組む態度を養うことに，特に意を用いなければならない」と法的に規定されることになる。つまり，学力の重要な要素が「①基礎的・基本的な知識・技能の習得，②知識・技能を活用して課題を解決するために必要な思考力・判断力・表現力等，③学習意欲」と整理され，その中でとくに重視されている「思考力」について，「思考力は，問題解決・発見・論

表5-4　学力調査における問いの比較

PISA2000 における「贈り物」問題	平成19年度全国学力・学習状況調査「中学校国語B」における「蜘蛛の糸」問題
「贈り物」の最後の文が，このような文で終わるのは適切だと思いますか。最後の文が物語の内容とどのように関連しているかを示して，あなたの答えを説明してください。	中学生の中山さんと木村さんは，以前に読んだ「蜘蛛の糸」は，「三」の場面が省略されていたことを思い出しました。[中略] あなたは，中山さん（省略なし賛成），木村さん（省略なし反対）のどちらの考えに賛成しますか。どちらか一人を選び，[中略] あなたがそのように考える理由を書きなさい。

出典：山本はるか（2017）「国語科教育の変遷」田中耕治編著『戦後日本教育方法論史』下巻，ミネルヴァ書房，34頁参照。

理的・批判的・創造的思考，メタ認知・学び方の学びから構成され，高次な思考力を働かせながら，主体的・協働的に問題を解決し，さらに新たな問いを見出していく力を意味する」と説明されている。

　PISA ショックの動因となった読解力（reading literacy）を例として具体的に説明してみよう。読解力とは「情報の取り出し」「解釈」「熟考・評価」の三要素で構成され，そこで扱われるテキストとしては，「連続型テキスト」である従来の物語，解説，記述，議論，指示，文書または記録，ハイパーテキストだけでなく，実生活でも使用されることが多い「非連続型テキスト」である図・グラフ，表・マトリックス，図，地図，書式，情報シート，宣伝・報告，バウチャー，証明書なども対象となる。そして，読解力の最高位にある「熟考・評価」するとは，テキストの内容とともに形式も射程に入れ，読み手は外部の知識を使って，テキストへの賛否について根拠を明確にして批評するように求められる。ここには，リテラシー概念において，機能的リテラシー（日常生活を過ごすために必要とされる能力）のみならず批判的リテラシー（現状を変革するために必要とされる能力）を目指す発想を読み取ることができよう。

　この「熟考・評価」を試すテスト問題が，PISA2000 で採用された「贈り物」問題であって，それを参考に作成されたのが2007（平成19）年度に実施された全国学力・学習状況調査「中学校国語B」における「蜘蛛の糸」である。表5-4で要約的に示してみた。

（2）資質・能力重視

　2017年改訂の学習指導要領は，2008年改訂の学習指導要領の趣旨をよりブラッシュアップしたものといえるだろう。グローバルな影響を受けて，今後の学力モデルとして「21世紀型能力」と呼称し，それを三層（基礎力，思考力，実践力）として構造化（国立教育政策所，2015）し，2017年改訂の学習指導要領における教育目標（「生きて働く知識・技能の習得」「思考力・判断力・表現力等の育成」「学びに向かう力・人間性等の涵養」）と評価のあり方を方向づけたのである。このような動向は「コンピテンシー・ベース」な改革と総称されている。

　さらに，2010（平成22）年代になって，「教員による一方的な講義形式の教育とは異なり，学習者の能動的な学習への参加を取り入れた教授・学習法」（中教審答申，2012年8月28日）であるアクティブ・ラーニングが官民あげて唱道されてくる。そのことは，2017（平成29）年学習指導要領では，とりわけ「思考力・判断力・表現力等」形成のために「主体的・対話的で深い学び」として提唱されている。また，2017年改訂の学習指導要領と大学入試改革が連動していることも特徴である。そこでは，暗記型学力を助長する従来のマークシート方式の大学入試センター試験に代えて，グローバル化に対応する資質・能力をはかる記述式の試験（「大学入学共通テスト」と仮称，マークシート方式も併用）を実施するというものである（大学入試改革については第14章を参照）。

（3）今後の課題

　すでに，アクティブ・ラーニングに対しては，活動主義に陥り，教科内容を深めるという視点が弱いのではないかという批判がなされている。このような批判は，教科学習に敵対するなかで展開された総合学習の轍を踏むことになるのではないかという歴史の教訓から発せられていることだろう。先の三層（基礎力，思考力，実践力）の学力に即していえば，高度な「思考力」のみ突出して重視するあまり，学力格差が拡大するのではないか。事実，「なぜ人工知能は東大に合格できないのか」（『週刊新潮』2017年2月2日）の中で，そのプロジェクトのリーダーである新井紀子は，全国1万5000人の中高生を対象とした調査

結果から，「今の中高生は教科書がまるで読めていないことがわかった」と述べ，その深刻な学力不足の現状を警告している。それを克服するためには，基礎力を充実させ，さらには基礎力と思考力とを丁寧につなぐ理論と実践が必要だろう。このような今後の課題もまた，学習指導要領の歴史が示しているのではないだろうか。

引用・参考文献

青木誠四郎編（1949）『新教育と学力低下』原書房。

天野清・黒須俊夫（1992）『小学生の国語・算数の学力』秋山書店。

新井紀子（2014）『ロボットは東大に入れるか』イースト・プレス。

石川一郎（2016）『2020年の大学入試問題』講談社現代新書。

板倉聖宣（1974）『仮説実験授業』仮説社。

陰山英男（2002）『本当の学力をつける本』文藝春秋。

川合章（1975）「楽しい授業の創造」『子どもの発達と教育』青木書店所収。

久保舜一（1952）『算数学力』東京大学出版会。

国分一太郎（1954）『現代教育の探求』未来社。

国民教育研究所（1976）『国民教育』29。

国立教育政策研究所（2013）『生きるための知識と技能 OECD 生徒の学習到達度調査（PISA）2012年調査国際結果報告書』明石書店。

小柳正司（2000）「シカゴ大学実験学校の実践記録：1896-1899年」『鹿児島大学教育学部研究紀要 教育科学編』第51巻。

須田清（1967）『かな文字の教え方』むぎ書房。

城丸章夫（1975）「総合学習について」『教育』11月号，57頁。

全米教育協会，森昭・岡田渥美訳（1965）『教育の現代化』黎明書房。

全米教育協会，伊藤博訳（1976）『人間中心の教育課程』明治図書。

高口務〈国立教育政策研究所教育課程研究センター長〉（2015）『資質・能力を育成する教育課程のあり方に関する研究報告書１──使って育てて21世紀を生き抜くための資質・能力』。

中央公論編集部（2001）『論争・学力崩壊』中公新書。

デューイ，J.，宮原誠一訳（1957）『学校と社会』岩波書店。（市村尚久訳（1998）『学校と社会──子どもとカリキュラム』講談社）。

デューイ，J.，大浦猛訳編（1977）『実験学校の理論』明治図書出版所収。

遠山啓（1972）『数学の学び方・教え方』岩波新書。

濱中淳子（2016）「高大接続改革と教育現場の断層──『善意』の帰結を問う」『教育学研究』第83巻，第４号。

第5章　戦後の教育課程の変遷

樋口とみ子（2009）「生活経験を重視するカリキュラム」『よくわかる教育課程』19頁。
藤田英典（2005）『義務教育を問い直す』ちくま新書。
ブルーナー，佐藤三郎訳（1963）『教育の過程』岩波書店。
ブルーナー，橋爪貞雄訳（1962）『直観・創造・学習』黎明書房。
ブルーナー，田浦武雄・水越敏行訳（1966）『教授理論の建設』黎明書房。
矢川徳光（1950）『新教育への批判』刀江書院（『矢川徳光教育学著作集』第3巻，青
　　木書店，1973年所収）。
山内乾史・原清治編著（2010）『日本の学力問題』上巻，日本図書センター。
吉見俊哉（2017）『大予言「歴史の尺度」が示す未来』集英社新書。

──**学習の課題**──

(1)　戦後の代表的な学力論争の一つを取り上げ，そこの論点を整理してみよう。参
　　考文献：山内乾史・原清治編著（2010）『日本の学力問題』上下巻，日本図書セ
　　ンター。
(2)　教科学習と総合学習の「相互環流」が行われている実践例（たとえば，和光小
　　学校や神奈川県の谷口中学校など）を取り上げ，その具体的なあり方を理解して
　　みよう。参考文献：田中耕治監修（2003）『実践！自ら考える生徒たち──総合
　　学習から教科へ，谷口中学校の取り組み』岩波映像。
(3)　PISAで出題された問題例を一つ取り上げ，どのような学力が求められている
　　のかを理解しよう。参考文献：国立教育政策研究所監訳（2010）『PISAの問題
　　できるかな？──OECD生徒の学習到達度調査』明石書店。

【さらに学びたい人のための図書】
水原克敏（2010）『学習指導要領は国民形成の設計書』東北大学出版会。
　　⇨学習要領の変遷を，改訂当時の世相を含めて丁寧に解説している。
山内乾史・原清治編著（2010）『日本の学力問題』上下巻，日本図書センター。
　　⇨戦後の代表的な学力論を収録するとともに，今日の新しい学力論も収録してい
　　　る絶好の参考図書である。
田中耕治編著（2017）『戦後日本教育方法論史』上下巻，ミネルヴァ書房。
　　⇨戦後の教育課程論や教育方法論で取り上げられた論点に即して，刺激的な論文
　　　が収められ，学習していくときの有効な手引となるだろう。

（田中耕治）

第6章 2008年以降の教育課程の枠組み

この章で学ぶこと

　教育課程の国の基準である学習指導要領は，2008年に改訂され，2015年に一部が修正され，2017年にまた大きく改訂された。これから教師になる皆さんは，これらの内容を踏まえて教育活動を行っていかなければならない。とくに2017年には大きな変更があったので，これまでの学習指導要領からの変化を押さえておく必要がある。この章では，2008年，2017年の学習指導要領改訂と2015年の学習指導要領一部修正の要点と，変更点，論点，教育課程編成の留意点を理解することをねらいとする。小学校での教育課程の実践例を通して，学習指導要領のポイントを具体的にイメージしてみよう。

1　2008年の学習指導要領改訂

（1）学習指導要領総則のポイント

　2008（平成20）年に告示された小学校と中学校の学習指導要領が，小学校では2011（平成23）年度から，中学校では2012（平成24）年度から全面実施されている。2008年の改訂は，1977（昭和52）年版以来の「ゆとり教育」政策を転換するものである（臼井，2012，28頁）（1977年版・1989年版・1998年版については第5章を参照）。

　以下，2008年版の小学校学習指導要領の総則を見てみよう（中学校の総則も同様）。総則は，すべての教師が準拠すべき一般原則を示したものである。

　今の社会は，知識基盤社会やグローバル化など変化が激しい。この社会で子どもが自立的に生きていくためには，「確かな学力」「豊かな心」「健やかな体」で構成される「生きる力」が必要だと提唱されている。

　「確かな学力」は，2007（平成19）年（改定）の学校教育法（30条等）で規定さ

れた，①基礎的な知識・技能と，②知識・技能を活用して課題を解決する思考力・判断力・表現力等，③主体的に学習に取り組む態度という3要素で成り立っている。

　総則では，「生きる力」の中核である「確かな学力」を育成すべく，「習得・活用・探究」と「言語活動」が謳われている。「習得」とは，教科の中で，基礎的・基本的な知識・技能を身につけることであり，「活用」とは，教科の中で，観察・実験や論述などに知識・技能を応用することであり，「探究」とは，総合的な学習の時間において，教科を横断した課題解決的な学習を行うことである。「習得」「活用」「探究」は相互に関連し合っており，活用や探究を通して思考力・判断力・表現力が育まれるとともに，習得が確かになる。

　言語活動とは，記録，要約，説明，論述といった，言語を用いて知識を活用・表現する活動である。国語だけではなく，すべての教科で言語活動を取り入れ，知識を活用する学習を行うことで，思考力・判断力・表現力を育成する。

　この知識を活用する学習活動には時間がかかる。そのため，年間の授業時数が増加した（1年生：68時間増，2年生：70時間増，3～6年生：35時間増）。

（2）教育内容の主な改善事項

　小学校の最も大きな改善事項は，高学年に，「外国語活動」（週1時間）という領域が新設されたことである。これにより，小学校の教育課程の領域は，教科，道徳，特別活動，総合的な学習の時間，外国語活動の5つになった。

　外国語活動では，英語で聞く，話す体験を通じて，コミュニケーションを図ろうとする態度を育てる（ただし，文法の指導や単語の書取りはしない）。学級担任の教師とネイティブ・スピーカーなどが協力して指導することになる。

2　2015年の学習指導要領一部修正

（1）「特別の教科　道徳」

　1958（昭和33）年に新設された「道徳の時間」は，週に1時間程度行われて

きた。これは教科ではないので，教科書はなく，成績づけも行われてこなかった。

　しかしながら，いじめ自殺事件を発端として，いじめが社会問題となり，道徳教育を充実させていじめ問題を解決すべく，2015（平成27）年に小中の学習指導要領が一部改正され，道徳が教科化された。「道徳の時間」が「特別の教科　道徳」（以下，道徳科）に改められ，教科書を導入し，評定を行うことになった（小学校では2018年度から，中学校では2019年度から実施）。

　ポイントは次の３点である。第一に，道徳科の目標は，思いやりや親切などの道徳的価値について多面的・多角的に考えることで，自己の生き方について考え，道徳性（善悪の判断力や，善をめざす感情，それらに基づいて行動する傾向）を養うことである。第二に，問題解決的な学習や体験的な学習などを取り入れ，答えが一つではない道徳的な課題に向き合う「考える道徳」「議論する道徳」を実践することである。第三に，子どもの学習状況や道徳性に関わる成長の様子を，個人内評価で捉え，数値ではなく文章で記録することである。

（2）論　点

　道徳科をめぐっては，道徳を教え込むべきなのか，道徳について考えて議論すべきなのか，という論点がある。すなわち，一方で，「人を殺してはいけない」などの基本的な規範や価値観は，いつでも守るべき事柄として教え込むべきだという考え方がある。考えたり，議論したりすると，道徳がかえって，守らなくてもいい疑わしいものになってしまうという（上原，2017，2頁）。

　その一方，規範の押しつけを危惧する考え方もある。たとえば，「人を殺してはいけない」は望ましい規範であるが，ではなぜ，軍隊や死刑という，人を合法的に殺す制度が，日本にかつて存在し，または存在し続けるのだろうか。人類の歴史は，戦争や格差などの非道徳の克服の歴史であり，いまなお，多くの人が差別や暴力を受けている。そのことに目を向けず，今の社会には完全な正義が実現されており，それは規範に具体化されているから，それを個人が守ることで社会の正義が実現されるという道徳観では，道徳教育は子どもたちに

は欺瞞と映る（佐貫，2017，8頁）。さらには，「自助努力をする」「迷惑をかけない」ことをよしとし，「努力しない」「迷惑をかける」人は切り捨てられてもやむを得ないなど，特定の規範を押しつけると，いじめなどの排除の正当化にもつながる（道徳はいじめ解決のために教科化されたのに）。それゆえ，子どもが各自の考え方を出し合いながら，道徳的な課題の解決策を探究し，多様な価値をもつ国民が共生できる社会を築くシティズンシップ教育として，考えて議論する道徳教育を推進する立場もある（松下，2015，179〜181頁）。

3 　2017年の学習指導要領改訂

（1）学習指導要領の総則

　2017年に小学校と中学校の新学習指導要領が公示された（小学校は2020年度から，中学校は2021年度から全面実施）。今回の改訂は，目標，方法，評価，学校経営にわたる大きな改革である（石井，2017，10〜11頁）。以下，小学校の新学習指導要領の総則の要点を述べる（中学校の総則も同様）。

　今の子どもたちは，グローバル化や情報化など変化が激しく，将来が予測できない社会で生きていかねばならない。そこで打ち出されたのが，「社会に開かれた教育課程」という理念である。社会に開かれた教育課程とは，①子どもがよりよい社会をつくり，人生を切り拓けるようにするために，学校でどのような資質・能力を育むのかを明確にし，②それを地域住民や保護者など社会と共有し，③連携しながら実現するという，教育課程づくりの考え方である。なお，資質・能力とは，社会において自立的に生きるために必要とされる力を指す。

　この理念を実現すべく，各学校が「生きる力」を資質・能力として具体化し，以下の6つのプロセスで教育課程を編成することが推奨されている。すなわち，各教科等で「何を教えるか」だけではなく，各教科等の学びを通して「何をできるようになるか」まで見すえて教育課程をつくることが望まれている。

(1) 何ができるようになるか（育成を目指す資質・能力）

　まず，教育課程全体を通じてどんな資質・能力の育成を目指すのかを決める。

　資質・能力には，次の3種類がある。①各教科等において育む資質・能力と，②教科等を超えたすべての学習の基盤として育む資質・能力（言語能力や，情報活用能力など），③現代的な諸課題に対応できるようになるための資質・能力（主権者として求められる資質・能力や，健康・安全・食に関する資質・能力など），である（資質・能力については第7章を，言語能力については第9章を，主権者として求められる資質・能力については第8章を参照）。

　いずれの資質・能力も，①知識・技能と，②思考力・判断力・表現力等，③学びに向かう力・人間性等（情意や態度）という三つの柱で成り立っている。

(2) 何を学ぶか（各教科等，教科横断的な視点，学校段階間の接続）

　(1)で決めた資質・能力を育むために，各教科等の目標・内容を，資質・能力の3つの柱に基づいて設定する。さらに，資質・能力をより効果的に育むために，教科等間の横のつながり（国語科と算数科の学びをどうつなげるか，など）や，学校段階間の縦のつながり（小学校の算数科と中学校の数学科の学びをいかにつなげるか，など）の見通しをもつ（教科等を横断する教育課程に関しては第3章と第4章を，学校段階間の接続に関しては第14章を参照）。

(3) どのように学ぶか（主体的・対話的で深い学び）

　(2)の目標・内容に向けて，主体的な学び・対話的な学び・深い学びという3つの視点に立った授業改善を，単元・題材単位で行う。答申ではこのことを「アクティブ・ラーニング」と表していたが，この語は多義的に使われていたため，学習指導要領では「主体的・対話的で深い学び」の語が使われている。

　①主体的な学び：学ぶことに興味や関心をもち，自己のキャリア形成の方向性と関連づけながら，見通しをもって粘り強く取り組み，自己の学習活動を振り返って次につなげる学び。

　②対話的な学び：子ども同士の協働，教職員や地域の人との対話，先哲の考え方を手がかりに考えることなどを通じ，自己の考えを広げ深める学び。

　③深い学び：習得・活用・探究という学びの過程の中で，各教科等の特質に

応じた「見方・考え方」を働かせながら，知識を相互に関連づけてより深く理解したり，情報を精査して考えを形成したり，問題を見出して解決策を考えたり，思いや考えを基に創造したりすることに向かう学び。

このうち，③の学びの「深さ」が重要視されている。深い学びの鍵は，各教科等に固有の「見方・考え方」を働かせることである。見方・考え方とは，頭の中にある，教科ごとのスイッチのようなものである（無藤ほか，2017，81〜82頁）。それを押す（使う）と，該当の教科の視点で物事を捉えたり，考えたりするようになる。たとえば，東京ディズニーランドに行ったときに，「理科スイッチ」を押すと「ジェットコースターで逆さになってもなぜ落ちないか」と考え，「国語科スイッチ」を入れると「ディズニーの元の話がアトラクションでどう脚色されているか」と考え，「社会科スイッチ」を押すと「働く人はゲストが楽しめるようにどんな工夫をしているか」と考え，「算数科スイッチ」を入れると「ショーを見ている観客は何人程か」と考える。これが，見方・考え方である。

(4) 子ども一人ひとりの発達をどのように支援するか

障害のある子どもや，外国人児童，不登校の児童など，困難を抱える子どもには，個に応じた指導を計画して教育課程に位置づける。

(5) 何が身についたか（学習評価）

資質・能力の三つの柱に基づき，各教科等の評価の観点が，従来の「知識・理解」「技能」「思考・判断・表現」「関心・意欲・態度」の4観点から，「知識・技能」「思考・判断・表現」「主体的に学習に取り組む態度」の3観点に整理される予定である。「学びに向かう力・人間性等」のうち，「主体的に学習に取り組む態度」のみを評定の対象とする（第10章と第11章を参照）。

(6) 実施するために何が必要か（カリキュラム・マネジメント）

(1)〜(5)を効果的に実現するためには，各学校が子どもや学校，地域の実態に基づいて教育課程を編成，実施，評価，改善していくことや，そのための人的・物的な体制を確保することが求められる。これを「カリキュラム・マネジメント」という。カリキュラム・マネジメントは，校長など管理職だけが行う

のではなく，学校全体で取り組む（詳しくは第12章と第13章を参照）。

（2）教育内容の主な改善事項

　小学校の教育内容の主な改善事項は，英語教育の早期化と教科化，プログラミング教育の必修化である。

① 外国語活動・外国語科

　3・4年生で「外国語活動」という領域（週1時間），5・6年生で「外国語科」という教科（週2時間）が新設された（5・6年生の外国語活動廃止）。

　外国語活動では，英語で聞く活動，話す活動を通じて英語に慣れ親しむ。外国語科では，英語で読む活動，書く活動を加え，系統的に学習する。

　目標は，「コミュニケーションを図る素地となる資質・能力」（外国語活動）や「コミュニケーションを図る基礎となる資質・能力」（外国語科）の育成であり，英語でコミュニケーションする力を高めることが求められている。

　音声中心の小学校の英語教育を文字中心の中学校の英語教育にいかに接続するか，英語を教えられるように小学校教員の研修をどう進めるかが論点である。

② プログラミング教育

　小学校では，先述した情報活用能力という資質・能力を育成するために，プログラミング教育が必修となる。プログラミングとは一般的に，コンピュータなどを使って，機器やソフトを動かすしくみ（プログラム）をつくることを指す。必修化のねらいは，プログラミングの専門的な技能を習得させることではなく，「プログラミング的思考」などの論理的思考力を身につけさせることである。プログラミング的思考とは，迷路を車に走らせるといった意図する活動を行うためには，動きをどのように組み合わせ，その一つひとつの動きに対応した記号をいかに組み合わせ，失敗したら何をどう改善すべきかを，論理的に考えていく力である。新学習指導要領では，算数科と理科，総合的な学習の時間でプログラミング教育の事例が示されているが，その他の教科等でも行うことができる。

第6章　2008年以降の教育課程の枠組み

表6-1　2008年と2017年の学習指導要領総則の比較

	2008年	2017年
理　念	生きる力	社会に開かれた教育課程
目　標	確かな学力（基礎的な知識・技能/思考力・判断力・表現力等/主体的に学習に取り組む態度）	資質・能力（知識・技能/思考力・判断力・表現力等/学びに向かう力・人間性等）
方　法	習得・活用・探究。とくに，言語活動	主体的・対話的で深い学び
評　価	あまりなし	資質・能力の評価
学校経営	あまりなし	カリキュラム・マネジメント

出典：筆者作成。

（3）2008年と2017年の学習指導要領総則の比較

　2008年と2017年の学習指導要領総則を比較すると，表6-1のようにまとめられる。2008年版では，「生きる力」を支える「確かな学力」のうち，とくに思考力・判断力・表現力等を高めるために，言語活動が導入された。

　2017年版では，各学校が，「社会に開かれた教育課程」という理念のもと，資質・能力を育むべく，主体的・対話的で深い学びや，資質・能力を見取る評価，カリキュラム・マネジメントを体系的に進めることが求められている。

　2017年版の①教育課程の理念と②目標，③方法は，2008年版のものを基本的に継承しつつ発展させている。一方，④評価と⑤学校経営は，2008年版ではあまり重視されておらず，2017年版で重点項目に引き上げられている。

　2017年版では，生きる力が資質・能力として具体化され，社会（地域・保護者）と学校が連携して育成することが重視された。資質・能力の柱の一つである「学びに向かう力・人間性等」は，「主体的に学習に取り組む態度」だけではなく，自分の思考過程を客観的に振り返る力や，思いやりなども含み，幅が広くなった。言語活動は，話し合いなどの活動を行うこと自体が目的化するという課題があったため，主体的・対話的で深い学びでは，教科等の見方・考え方に基づいた学びの深さを強調するようになった。

（4）2017年学習指導要領をめぐる論点

　一つ目の論点は，「社会に開かれた教育課程」とは，社会と学校のいかなる関係性のもとでつくるものなのか，ということである。社会に開かれた教育課程を実現しようとすると，社会が教育課程の内容について学校に要請することで，社会の変化に子どもを適応させることだけが目指されるようになるのではないかという批判がある（子どもと教科書全国ネット21，2016，28，35頁）。他方，社会からの要望を学校が受けるだけではなく，家庭や地域に分担してほしいことは学校が要望していくあり方を志したらよいという立場もある（無藤ほか，2017，34，37頁）。

　社会から学校に向けてのみ要望が出され，学校から社会に要望する道が閉ざされると，社会に開かれた教育課程は，社会，とくに企業にとって都合のいい人材を育成することにつながりうる。他方，学校から社会に要望するだけで，社会からの要望をクレームと解釈して学校が受けつけないと，教師の目では捉えきれなかった子どもの姿に気づけない。社会と学校の関係が問われている。

　たとえば，保護者・地域住民の学校ボランティアについて，必ずしも子どものためになっていないことが指摘されている。ボランティアは，教育の専門家ではないからこそ，言葉だけの説明では理解が難しいなど，教師が気づかない子どもの実態を教師に伝え，どの子も学びやすくする環境をつくる可能性をもっている。一方，「障害をもつ子どもも他の子どもと同じだけの課題をこなすべき」といった学校の価値観に従ってボランティアが行動すると，障害など困難を抱える子が授業についていけないのはその子の努力不足という雰囲気が強まり，その子はよりつらい立場に置かれる。子どもたちの最善の利益を保障するためには，学校には，保護者・地域住民に，学校の指示や意向に沿って活動することだけを求めず，教師と異なる立場から子どもに接してもらい，保護者・地域住民の声を受け止める姿勢が求められる（武井，2017，258～266頁）。

　二つ目の論点は，「主体的・対話的で深い学び」を導入すると，基礎的な学力の習得が疎かになるのではないか，ということである（子どもと教科書全国ネット21，2016，59頁）。この点に関しては，文部科学省の学習指導要領解説で，

次の３点を意識することが推奨されている。一つ目は，毎回の授業で「主体的・対話的で深い学び」を実現しようとするのではなく，単元や題材のまとまりの中で，学習を見通し振り返る場面や，グループなどで対話する場面，学びを深める場面を設定する。二つ目は，基礎的・基本的な知識・技能の習得に課題がある場合，その確実な習得を図る。三つ目に，知識を活用して思考することで，知識が関連づき，知識の理解の質が高まるということである。

4 小学校の教育課程の実践例

（1）社会に開かれた教育課程

「社会に開かれた教育課程」の小学校での実践例を見てみよう。学校と地域・保護者の連携・協働を進めるために，保護者・地域住民が学校運営に参画するコミュニティ・スクール（学校運営協議会制度）が全国的に広がっている。

京都市立高倉小学校では「スマイル21プラン委員会」（以下，「スマイル」）という同等の組織を，学校運営協議会の制度化前から発足させている。「スマイル」には，地域住民・保護者・教職員が100名以上参加し，７部会に分かれて活動している。この取り組みが評価され，同校は2016年に，公益財団法人博報児童教育振興会の「博報賞」と「文部科学大臣賞」を受賞している。

「スマイル」の特徴は，次の２点である。一つ目は，学校からの要望と地域からの要望を互いに聴き合う体制である。「スマイル」の各部会には，地域住民・保護者だけではなく，教職員も入っているので，意見の調整がしやすい。たとえば2016年度の「学び部会」では，総合的な学習の時間における発表の仕方に関する知見がほしいという要望が教職員から出され，保護者・地域住民，大学院生が意見を出し合い，児童が発表の自己評価に用いる「発表のポイント」が作成された。その結果，児童は，的を絞って具体的に振り返れるようになった（福嶋，2017，37～44頁）。どんな発表する力（資質・能力）の育成を目指すのかを，学校・地域・保護者が意見を出し合う中で共有することで，学校にとっても，地域・保護者にとっても育てたい力が育っていく。

二つ目は，地域住民・保護者が，一度きりのゲストティーチャーとして参加するだけではなく，教育課程の中に計画的に位置づけられて参画していることである。たとえば，３年生の総合的な学習の時間の「高倉の達人」という単元の学習は，「地域の達人」が話をしたり，熟練の技を披露したり，地域住民が核となって学校と連携して進んでいる。その企画・運営は，「スマイル」の「人・まち部会」が担当している。

　このように地域住民・保護者が学校づくりに参加する背景には，地域・保護者に対する学校の風通しのよさがある。学校の課題も含めて学校の実状を「スマイル」という組織に開示していくことで，目指す子ども像に向けてともに歩むことができる（田中・岸田，2017および，2017年８月１日に高倉小学校で行った岸田蘭子校長と八木悠介副教頭へのインタビュー）。

（2）プログラミング教育

　続いて，「プログラミング教育」の実践例を紹介する。私立の立命館小学校（京都）は，2006（平成18）年度の開校当初より，「ロボティクス科」という時間の中で，プログラミング教育を先進的に行ってきた。2014（平成26）年度からは，１人に１台タブレットを使用させて（5・6年生），校内無線 LAN という環境を生かし，ペアやグループで作業を分担・協働しながらプログラミングに取り組む学習をしている。同校は，文部科学省のプログラミング教育実証校として認定されている。

　同校のプログラミング教育の特徴は次の二点である。一つ目は，プログラミングだからこそ育める論理的思考力の育成を目的としていることである。ものづくりや他の子どもとの協働は，図画工作科や理科の実験にもある。しかし，図画工作科でのものづくりには正解がないのに対して，プログラムには正解がある（不正解だと動かない）。プログラミングに失敗し，うまく動くように試行錯誤を繰り返している瞬間に，論理的思考力が働く。また，理科の実験では方法が教科書などで決まっている一方，プログラミングでは方法も児童が自分で考える。どの操作をしたらどう動くか，論理的に考える必然性が生まれるという。

第6章　2008年以降の教育課程の枠組み

表6-2　立命館小学校のプログラミング教育のカリキュラム（2015年度）

	科名	内　容	展　開
1年生	ロボティクス科（週1時間）	①レゴ：歯車を組み合わせて回転の方向や速さを変える ②WeDo：パソコンでプログラムをつくり動物ロボットを動かす	1人で，設計図を見てつくる → 2人で歯車の回転 → つくって，動き（数・向き・速さ）を見て，言葉・物語にする
2年生		①WeDo：遊園地の乗り物をブロックでつくり，プログラムで動かす ②レゴ：滑車・車軸・歯車の仕組みを理解する ③レゴ：てこの仕組みを考える ④レゴ：ピタゴラスイッチミニをつくる	設計図なしで，2人でつくる → 歯車・車軸・滑車を調整して動きを創造する
3年生		レゴマインドストーム：ブロックでつくったロボットを，センサを使って制御する	プログラムを中心に順序だててじっくり考える。算数科・理科などと関連をもたせる
4年生		レゴマインドストーム：ブロックで好きな動物をつくり，その動物の動きを再現する／計測・データロギングをする	プログラムをつくって，科学的に思考し，プレゼンテーション
5年生	ICT科（週1時間）	①ワード，パワーポイント，エクセル ②プログラミング（Scratch で作品をつくり，発表） ③4年生にパワーポイントでプレゼンテーション	2016年度からは，Minecraft というソフトを使って，プログラミング。「持続可能な町づくり」といった目標を設定し，グループで調べ学習をした上で，Minecraft の町をつくる。グループで協力・役割分担
6年生		①大学生へのプレゼンテーション ②プログラミング（Scratch とコーディングで作品づくり）	

出典：石戸（2017）62～65頁および，第9回立命館小学校公開授業研究会（2016年1月30日）の資料，2017年9月20日に六車陽一教諭（2015年度当時，ICT 教育部長）から提供されたカリキュラム表をもとに，筆者作成。

　二つ目の特徴は，6年間の系統的なカリキュラムを組んでいることである。2017年度からは，1～4年生には「ロボティクス科」，5～6年には「ICT科」（正式名称はいずれも「情報科」）というオリジナル教科が設置されている（2016年度までは，生活科や理科，算数科の時間を使った教科外の活動として実施していた）。表6-2に示したように，1年生から6年生までスモールステップで学習が進むよう，カリキュラムが組まれている。ロボティクス科では，レゴブロックを組み立ててロボットなどの物をつくり，プログラミングをして動かす。

91

ICT 科では，インターネット上のキャラクターなどをプログラムで動かす学習を行い，ジャンプや飛翔など，現実世界では難しい動きも含めた，より自由度の大きい動きを創造していく。各学年の学習の展開も，設計図を見ながらの活動から，設計図なしの活動へ，1人での活動から，2人での協働活動へ，歯車の基本的なしくみからプログラミングのしくみへと，少しずつ難易度を上げて進めている。この2教科のカリキュラムは，ロボティクス科と ICT 科を担当する複数の教員で話し合ってつくられている（荒木，2008および，2017年9月6日に立命館小学校で行った，正頭英和教諭（現・ICT 教育部長）と六車陽一教諭（2016年度まで ICT 教育部長）へのインタビュー）。

（3）教育課程編成の留意点

　高倉小学校と立命館小学校の実践を紹介したがそれらをもとに，教育課程編成の留意点を述べる。

　まず，開かれた学校づくりの指針として，次の2点が指摘されている。①「保護者・地域住民 → 学校」「学校 → 保護者・地域住民」といった一方向の関係ではなく，保護者・地域住民，学校が互いの立場を生かして携わることである。②どの立場であっても多様な人がいることを前提とし，小さな声を拾いながら，納得解を導くことである（奥村，2017，3頁）。

　高倉小学校の実践は，この2点をまさに体現しているといえる。保護者・地域住民が，それぞれの専門性を生かして部会に分かれて活動し，学校の教職員の声と保護者・地域住民の声を丁寧にすり合わせながら進めている。

　また，プログラミング教育で論理的思考力を育成する鍵は，児童が PDCA サイクルを回すことにあるという指摘がある。どう動かすかを考え（Plan），プログラムをつくり（Do），考えた通りに動くかを確認し（Check），失敗ならば思い通りに動くまで試行錯誤する（Act）。この循環の中で，物事を体系的に整理して考える思考枠組みが構築される（濱中，2017，125頁）。

　立命館小学校の取組みは，6年間の継続的な教育課程の中で，児童が PDCA サイクルを繰り返す点が特徴的である。論理的思考力の育成を目指し

ているので，プログラミングの失敗から学ぶことを重視している。

　以上から，教育課程編成に関する2つの留意点が見出せる。一つ目に，「社会に開かれた教育課程」を実現するためには，①保護者・地域住民に現状を公開する学校の姿勢，②学校と保護者・地域住民が互いの要望を聴き合う体制，③保護者・地域住民が，育みたい力について意見を出したり，教師とともに授業をつくったり，各自の経験や専門性を生かして主体的に参加できるしくみを構築することが求められる。二つ目に，プログラミング教育では，児童が失敗し，試行錯誤できる学習活動を，発達段階に応じて配列することが重要である。これらの点を意識し，学校と保護者・地域住民が手を取り合い，資質・能力をどの児童にも保障する教育課程づくりがこれからの教師には求められるといえよう。

引用・参考文献

荒木貴之（2008）『ロボットが教室にやってくる　知的好奇心はこうして伸ばせ　立命館小学校のアイディア』教育出版。

石井英真（2017）『中教審「答申」を読み解く　新学習指導要領を使いこなし，質の高い授業を創造するために』日本標準。

石戸奈々子（2017）『図解　プログラミング教育がよくわかる本』講談社。

上原秀一（2017）「〈道徳教育〉の研究問題の所在――見落とされている問題群」『宇都宮大学教育学部研究紀要』第67号第1部，1～16頁。

臼井嘉一（2012）「教育実践史とカリキュラム研究」臼井嘉一・金井香里編著『学生と教師のための現代教育課程論とカリキュラム研究』成文堂，10～33頁。

奥村好美（2017）「開かれた学校づくり」田中耕治編著『よくわかる教育課程　第2版』ミネルヴァ書房，2～3頁。

子どもと教科書全国ネット21編（2016）『大問題！　子ども不在の新学習指導要領　学校が人間を育てる場でなくなる？！』合同出版。

佐貫浩（2017）「特別の教科『道徳』の性格　私たちの対抗戦略を考える」『教育』No. 861，5～12頁。

武井哲郎（2017）『「開かれた学校」の功罪――ボランティアの参入と子どもの排除/包摂』明石書店。

田中耕治・岸田蘭子監修，京都市立高倉小学校研究同人・京都大学大学院教育学研究科教育方法研究室（2017）『資質・能力を育てるカリキュラム・マネジメント――読解力を基盤とする教科の学習とパフォーマンス評価の実践』日本標準。

無藤隆・馬居政幸・角替弘規（2017）『無藤隆が徹底解説　学習指導要領改訂のキーワード』明治図書。

濱中征司（2017）「プログラミング教育　学習活動を通して，探究するための論理的思考力を身につける」水原克敏編著『新小学校学習指導要領改訂のポイント』日本標準，120～125頁。

福嶋祐貴（2017）「学校・家庭・地域の協働によるルーブリックづくりとその活用──京都市立高倉小学校『スマイル21プラン委員会』の取り組み」京都大学大学院教育学研究科教育方法学講座編『教育方法の探究』第20号，37～44頁。

松下良平（2015）「道徳教科化と国民国家をめぐる政治学　いずれのシナリオを選ぶのか」『現代思想』第43巻第8号，169～183頁。

（学習の課題）

⑴　2008年と2017年の学習指導要領の総則のポイントを，板書で説明すると思って簡潔にまとめてみよう。

⑵　「道徳科」の評価ではどのような問題が起こりうるか，考えてみましょう。

⑶　自分が専門とする教科で，「主体的・対話的で深い学び」が実現するような単元のアイディアを考えてみよう。そのために，実践例を探してみましょう。

【さらに学びたい人のための図書】

石井英真（2017）『中教審「答申」を読み解く　新学習指導要領を使いこなし，質の高い授業を創造するために』日本標準。
　　⇨2017年版学習指導要領の考え方や，それを授業づくりにどう生かすかが解説されている。

田中耕治編著（2018）『よくわかる教育課程〔第2版〕』ミネルヴァ書房。
　　⇨2008年・2015年・2017年の学習指導要領のポイントが解説され，見開き1テーマで調べやすい。

水原克敏編著（2017）『新小学校学習指導要領改訂のポイント』日本標準。
　　⇨小学校の2017年版学習指導要領の全文が掲載されており，総則・各教科等のポイントが解説されている。

（細尾萌子）

第7章 資質・能力の育成と教育課程

この章で学ぶこと

教育課程において，すべての子どもにどのような力を身につけさせるのか。子どもを導く方向性を決定づけるこの問いは，教育課程の意味やあり方に関わる重要な問いである。戦後教育学において，それは「学力とは何か」という問いであり，学校教育を通じて身につけさせるべき知識や能力を構造的に明らかにしようとする多様な学力モデルが提唱されてきた。1990年代後半になると，社会の変化とともに学力という言葉の範疇にとどまらないこの社会で生きていく汎用的な能力を求める資質・能力論が台頭する。本章では，様々な学力論や資質・能力論，および資質・能力を育成する教育課程について学ぶ。

1 戦後日本における学力論の展開

（1）態度を中心とする学力モデル

教育課程において，子どもにどのような力を身につけさせるべきか。子どもを導く方向性を決定づけるこの重要な問題は，戦後日本の教育学において，「学力とは何か」という問いのもとで追究されてきた。

戦後はじめて学力をモデル化したのは，広岡亮蔵である。広岡は，能動的主体的に生活現実を切り拓いていくための学力が大切であると考え，態度を中核とするモデルを提唱する。このモデルにおいて広岡が強調した点は，戦後の技術革新の社会が高い科学的な学力を要求すること，またそのように変化する社会では何か一つの事に熟練した能力ではなく適用力に富む転移力が求められるということである。「転移力のある学力は，態度に裏づけられた知識であるときに，初めて成り立つことができる」（広岡，1964，26頁）として，知識・技術

95

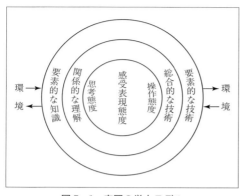

図7-1 広岡の学力モデル
出典：広岡（1964）24頁をもとに筆者作成。

と態度の二重層で学力構造を捉え，要素的な知識・技術（外層），関係的な理解および総合的な技術（中層）を知識（技術）層とし，思考態度，操作態度，感受表現態度（内層）を態度層とした（図7-1）。このように広岡は，技術革新の進む社会において能動的，主体的に進路を開いていく力とは何かという視点から学力を追究し，その中核に態度を位置づけたのである。

（2）「認識の能力」を中核とする学力論

一方，広岡とは対照的に，教育課程において科学的能力である「認識の能力」を育成することを重視したのは勝田守一である。勝田は，人間の能力を社会との関係で4つに区分する。すなわち，生産や労働技術に関する「労働の能力」，人間関係に関わる「社会的能力」，科学的能力といわれる自然と社会に対する「認識の能力」，そして世界への感応と表現，豊かな感動に関わる「感応・表現の能力」である（図7-2）。そのうえで，学校は認識という知的能力を中心に育てる場であるとして，学力を「認識の能力」を主軸として捉えた。

また勝田は，学力を「成果が計測可能な

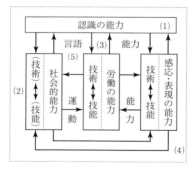

(1) 認識の能力は他の三つに対して，特殊な位置に立つことを示したつもりである。
(2) 社会的能力を技術・技能とするのは，多分に比喩的である。それでカッコに入れた。
(3) 矢印は相互に影響しあい渗透しあっていることを示す。
(4) 点線の囲みは，全体が体制化していることを示す。
(5) 言語能力・運動能力は全体制を支える。

図7-2 勝田の能力モデル
出典：勝田（1964）50頁をもとに筆者作成。

ように組織された教育内容を，学習して到達した能力」(勝田，1962, 24頁）と定義した。勝田は，学力を計測可能な範囲に規定することによって，そこから合理的に指導方法を導き出すことを意図したのである。このように勝田は，そもそも学校の役割とは何か，また評価可能な力であるかどうかという観点から，学校においては「認識の能力」（科学的能力）を中心に育成すべきだと考えたのである。

(3) 学力モデル研究の展開

その後学力研究は上記の2つの立場の発展的統一を試みる研究へと展開する。まず，範疇（科学の概念等）・知識・習熟の三要素による学力モデルを提案したのは中内敏夫である（図7-3）。このモデルの特徴は，生き方や思考力，態度といった人格的側面を，「科学的概念や各種の芸術的形象，そして方法や知識など」の内容が「学習主体によって十分にこなされた形態」（中内，1977, 94頁）である「習熟」として位置づけた点にある。中内は，思考力や態度といった学力における人格的な側面は，科学的概念や知識等が，いわば学習者に深く理解され浸透した状態として現れてくるのではないかと考えたのである。

他方，学力は計測可能な「認知的能力」だけでなく，人間を人間たらしめている創造性，価値，感情，態度等の「情意的性向」を含むことではじめて教育は成立するとして（稲葉，1980, 133～134頁），両者を統一する学力モデルを追究したのは京都の教師たちである。彼らは，認識と情意の形成過程を対応させたモデルを提唱し，両者が対応するような授業展開を追求した（図7-4）。中内の「習熟」説においては，態度といった人格的側面が，知識や概念といった認識領域と連続的に捉えられているのに対し，このモデルは認識領域と情意領域を並行的な相即関係として示している。

以上のような戦後の学力論はそれぞれ，生活と教育の結合（経験主義），学問（科学）と教育の結合（系統主義），またそれらの統合を求める教育課程のあり方の探究と結びつくことになる（第5章参照）。

図7-3 中内の学力モデル
出典：中内（1976）74頁をもとに筆者作成。

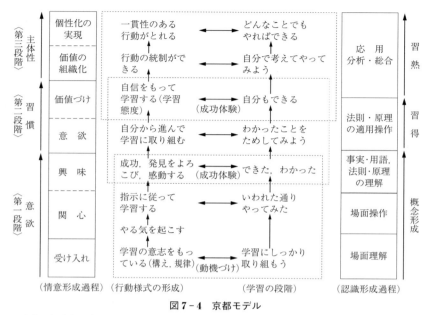

図7-4　京都モデル

出典：中原（1983）21頁をもとに筆者作成。

2　諸外国における資質・能力論

(1) 資質・能力論の登場とその背景

　1990年代後半になると，どのような力を子どもに身につけさせるべきかという問いに関して，新たに，学力という言葉の範疇にとどまらないこの社会で生きていく汎用的な能力を求める資質・能力論が台頭する。OECD（経済協力開発機構）は，グローバリゼーションと近代化の中で最も重要な能力を定義し選択するプロジェクト DeSeCo（Definition and Selection of Competencies）を立ち上げ，そのような能力をキー・コンピテンシーとして提起した。また，EU（欧州連合）は独自のキー・コンピテンシーを定義し，北米では「21世紀型スキル」が提唱されるなど，各国において育成すべき資質・能力を明確化する試みが広がってくる。

第7章　資質・能力の育成と教育課程

　資質・能力論が登場する背景としては，①科学技術の革新やグローバリゼーションとこれらに伴う産業基盤社会から知識基盤社会への移行のもとで労働力の要請や個人の生活が変化していること，②環境維持や格差社会の是正といった地球規模の課題に対応する必要性，③近年の学習に関する研究の成果があげられる。たとえば，OECDが課題としているのは，「多様性を増しながらも相互につながりをもった世界の人々」や「急速な技術的変化」，「自然環境の維持可能性と経済成長のバランス」といった現代および将来の課題解決に必要なコンピテンシーとその育成方法を明らかにすることである（ライチェンほか，2006，17頁）。またその際，学習に関する最近の研究が，伝統的な学校において伝達されてきた認知的技能や知識だけでなく，態度，動機づけ，価値といった非認知的要素の重要性を示していることに着目している（同上書，27頁）。以下，国際的に影響をもつ2つの資質・能力論をみていこう。

（2）DeSeCo キー・コンピテンシー

　OECDのDeSeCoキー・コンピテンシーに基づく生徒の学習到達度調査PISA（Programme for International Student Assessment）は，日本における資質・能力論を活性化させる一因となった。2003（平成15）年のこの調査において日本人の子どもの国際順位が急落した（読解リテラシーが8位から14位へ）ことによる，いわゆる「PISAショック」によって，知識や技能を再生する力だけではなく，この調査問題が求めるような知識や技能を活用する力を育成すべきであるということが広く認識されたのである。

　DeSeCoキー・コンピテンシーは，「人生の成功と正常に機能する社会の心理社会的前提条件」（ライチェンほか，2006，204頁）から考えられたものである。その特徴は，個人的目標（有利な就職と所得，個人の健康と安全，政治への参加，人間関係等）と，社会的目標（経済的生産性，民主的プロセス，社会的まとまりや公正と人権，環境維持といった社会の成功等）の両方を含む点にある。具体的には，「相互作用的に道具を用いる」「異質な集団で交流する」「自律的に活動する」の3つのカテゴリーからなる（表7-1）。

99

表7-1 キー・コンピテンシーの内容とそれが必要な理由

	相互作用的に道具を用いる	異質な集団で交流する	自律的に活動する
必要な理由	• 技術を最新のものにし続ける • 自分の目的に道具を合わせる • 世界と活発な対話をする	• 多元的社会の多様性に対応する • 思いやりの重要性 • 社会的資本の重要性	• 複雑な社会で自分のアイデンティティを実現し，目標を設定する • 権利を行使して責任を取る • 自分の環境を理解してその働きを知る
内容	A 言語，シンボル，テクストを相互作用的に用いる能力 B 知識や情報を相互作用的に用いる能力 C 技術を相互作用的に用いる能力	A 他人といい関係を作る能力 B 協力する能力 C 争いを処理し，解決する能力	A 大きな展望の中で活動する能力 B 人生計画や個人的プロジェクトを設計し実行する能力 C 自らの権利，利害，限界やニーズを表明する能力

出典：ライチェン他（2006）をもとに筆者作成。

表7-2 PISA リテラシーの定義

読解リテラシー	数学的リテラシー	科学的リテラシー
自らの目標を達成し，知識と可能性を発達させ，社会に参加するために，書かれたテクストを理解し，活用し，深く考える能力	数学が世界で果たす役割を知り理解するとともに，社会に対して建設的で関心を寄せる思慮深い市民として，自らの生活の必要に見合った方法として数学を活用し応用し，より根拠のある判断を行う能力	自然の世界および人間活動を通してその世界に加えられる変化についての理解と意思決定を助けるために，科学的知識を活用し，科学的な疑問を明らかにし，証拠に基づく結論を導く能力

出典：ライチェン他（2006）をもとに筆者作成。

　これらのキー・コンピテンシーは，特定の状況や目標に応じて組み合わされることが想定されている。また，これら3つのカテゴリーを越えたキー・コンピテンシーの核心には，「思慮深さ」（反省性）が位置づけられている。

　PISA で調査される読解リテラシー，数学的リテラシー，科学的リテラシーは，キー・コンピテンシーの一部である（表7-2）。これらは，表7-1における「相互作用的に道具を用いる」能力のうち，「A　言語，シンボル，テクストを相互作用的に用いる能力」（読解リテラシー，数学的リテラシー），「B　知識や情報を相互作用的に用いる能力」（科学的リテラシー）に対応する（表7-1下

第7章　資質・能力の育成と教育課程

表7-3　ATC21sの21世紀型スキル

思考の方法	働く方法	働くためのツール	世界の中で生きる
1　創造性とイノベーション 2　批判的思考，問題解決，意思決定 3　学び方の学習，メタ認知	4　コミュニケーション 5　コラボレーション（チームワーク）	6　情報リテラシー 7　ICTリテラシー	8　グローバルおよび地域のよい市民であること（シチズンシップ） 9　人生とキャリアの発達 10　個人の責任と社会的責任

出典：グリフィン他（2014）をもとに筆者作成。

線部）。いずれも，社会生活において知識を活用し応用する能力を含んでいる。

（3）ATC21s「21世紀型スキル」

　産業基盤の経済から情報基盤の経済への変化に対応するために，2009年1月，ロンドンで開催された「学習とテクノロジーの世界フォーラム」において「21世紀型スキルの学びと評価プロジェクト」（Assessment and Teaching of Twenty-First Century Skills Project：ATC21s）が立ち上がった。そのスポンサーには，シスコシステムズ，インテル，マイクロソフトといった IT 企業がついており，2010年にはオーストラリア，フィンランド，ポルトガル，シンガポール，イギリス，アメリカが参加している。このプロジェクトの焦点は，デジタルネットワークを使用した学習や協調的な問題解決にある。

　このプロジェクトにおいて提唱された「21世紀型スキル」は表7-3のとおりである。DeSeCo のキー・コンピテンシーと比較すると「創造性とイノベーション」や「ICT リテラシー」を主項目として含む点が特徴的である。

　変化する社会や生活に対応すべく登場した以上のような資質・能力論は，これまでの伝統的な学校における教科を中心とした教育課程から，資質・能力を基盤にした教育課程への転換を促すものである。

3 日本における資質・能力論と教育課程

（1）これまでの資質・能力論

日本の教育課程においてはこれまで，学習指導要領全体の方針として，1989～90年代には自ら学ぶ意欲や思考力，判断力，表現力などを重視する「新しい学力観」を基礎とする「生きる力」，2003年には知識や技能に加えて学ぶ意欲や自分で課題を見つけ，自ら学び，主体的に判断し，行動し，よりよく問題解決する力等を含む「確かな学力」，2008（平成20）年に学校教育法（第30条第2項）において規定された「学力の3要素」を踏まえた「確かな学力」「豊かな心」「健やかな体」からなる「生きる力」などの資質・能力の育成が提唱されている。

他方，高等教育や社会人の資質・能力については，1998（平成10）年の大学審議会答申「21世紀の大学像と今後の改革方策について」における「課題探求能力」，2003年の人間力戦略研究会における「人間力」，2006（平成18）年の社会人基礎力に関する研究会における「社会人基礎力」，2008年の「学士課程教育」に関する中央教育審議会における「学士力」，2011（平成23）年の「キャリア教育・職業教育」に関する中央教育審議会答申における「基礎的・汎用的能力」など，様々な資質・能力の育成が提唱されてきた。

これらの「生きる力」，「人間力」，「学士力」といった能力は，「基本的な認知能力」（読み書き計算，基本的な知識・スキル）「高次の認知能力」（問題解決，創造性，意思決定，学習の仕方の学習など）「対人関係能力」（コミュニケーション，チームワーク，リーダーシップなど）「人格特性・態度」（自尊心，責任感，忍耐力など）を共通に含むものとして，「新しい能力」概念と総称されている（松下，2010，2頁）。一方，人格特性を含むこのような能力の要請については，「『社会』が『個人』を裸にし，そのむき出しの柔らかい存在のすべてを動員し活用しようとする状況に他ならない」（本田，2008，32頁）といった批判もなされている。

第 7 章　資質・能力の育成と教育課程

（2）コンピテンシー・ベースの教育課程へ

　2017（平成29）年 3 月に学習指導要領が改訂された。改訂に先立ち，文部科学省は「育成すべき資質・能力を踏まえた教育目標・内容と評価の在り方に関する検討会」を設置し，2014（平成26）年 3 月にその「論点整理」を公表している。この検討会では，①これまでの学習指導要領が各教科等の内容を中心にしており，実生活に生きる汎用的能力の育成が不十分である，②世界的潮流が，育成すべき資質・能力の明確化とその教育の在り方を考える方向にある，③これまでの学習指導要領における「生きる力」を構成する具体的な資質・能力や，それらと各教科等の教育目標・内容の関係が不明確であるという認識のもとで（安彦，2014），「知っている」から「できる，つかえる」へ，すなわちコンテンツ・ベースからコンピテンシー・ベースの教育課程への転換のあり方について議論された。

　2017年改訂の学習指導要領においては，すべての教科等の目標および内容が「知識及び技能」，「思考力，判断力，表現力等」，「学びに向かう力，人間性等」という資質・能力の三つの柱で再整理されている。また，このような汎用的な力としての資質・能力を柱にすると同時に，教科領域においては各教科ならではの見方・考え方が示され，重視されている。

（3）資質・能力の育成を目指す教育課程における留意点

　ここで，資質・能力の育成を目指す教育課程における留意点をあげておこう。まず，資質・能力は，実体として存在するものではなく，ある文脈における環境と学習者との関わりの中で発揮されるものだということである。資質・能力は，ともすれば要素化された様々な能力をモザイクのように組み合わせて身につけられていくもののようにイメージされがちである。しかしながら，資質・能力は，ある特定の文脈の要求に対して，様々な道具や対象や他者との相互作用をとおして個人の様々な性質，知識，技能等が総合され発揮されるものである。したがって，特定の文脈をもつ課題において，知識や技能を総合しながら課題を解決することを求めるようなアプローチが有効となろう。

103

表7-4　資質・能力の要素と階層を示すモデル

能力・学習活動の階層レベル（カリキュラムの構造）			資質・能力の要素（目標の柱）			
			知　識	スキル		情意（関心・意欲・態度・人格特性）
				認知的スキル	社会的スキル	
教科学習	教科等の枠づけの中での学習	知識の獲得と定着（知っている・できる）	事実的知識, 技能（個別的スキル）	記憶と再生, 機械的実行と自動化	学び合い, 知識の共同構築	達成による自己効力感
		知識の意味理解と洗練（わかる）	概念的知識, 方略（複合的プロセス）	解釈, 関連づけ, 構造化, 比較・分類, 帰納的・演繹的推論		内容の価値に即した内発的動機, 教科への関心・意欲
		知識の有意味な使用と創造（使える）	見方・考え方（原理, 方法論）を軸とした領域固有の知識の複合体	知的問題解決, 意思決定, 仮説的推論を含む証明・実験・調査, 知やモノの創発・美的表現（批判的思考や創造的思考が関わる）	プロジェクトベースの対話（コミュニケーション）と協働	活動の社会的レリバンスに即した内発的動機, 教科観・教科学習観, 知的性向・態度・思考の習慣
総合学習	学習の枠づけ自体を学習者たちが決定・再構成する学習	自律的な課題設定と探究（メタ認知システム）	思想・見識, 世界観と自己像	自律的な課題設定, 持続的な探究, 情報収集・処理, 自己評価		自己の思い・生活意欲（切実性）に根ざした内発的動機, 志やキャリア意識の形成
特別活動		社会関係の自治的組織化と再構成（行為システム）	人と人との関わりや所属する共同体・文化についての意識, 共同体の運営や自治に関する方法論	生活問題の解決, イベント・企画の立案, 社会問題の解決への関与・参画	人間関係と交わり（チームワーク）, ルールと分業, リーダーシップとマネジメント, 争いの処理・合意形成, 学びの場や共同体の自主的組織化と再構成	社会的責任や倫理意識に根ざした社会的動機, 道徳的価値観・立場性の確立

※社会的スキルと情意の欄でレベルの区分が点線になっているのは，知識や認知的スキルに比べてレベルごとの対応関係が緩やかであることを示している。

※網かけ部分は，それぞれの能力・学習活動のレベルにおいて，カリキュラムに明示された中心的に意識されるべき目標の要素。

※認知的・社会的スキルの中身については，学校ごとに具体化すべきであり，学習指導要領等で示す場合も参考資料とすべきであろう。情意領域については，評定の対象というより，形成的評価やカリキュラム評価の対象とすべきであろう。

出典：石井（2015）23頁をもとに筆者作成。

　また，教育課程の各領域においてどのような資質・能力を重視すべきかを意識すること，およびその資質・能力の深さを顧慮することが大切である。たとえば，学校で育成する資質・能力の全体像を捉える枠組みを示す石井英真による資質・能力モデル（表7-4）は，各領域において焦点化すべき資質・能力の要素とその階層（深さ）を示している。階層については，教科等では「知識の獲得と定着」，「知識の意味理解と洗練」，「知識の有意味な使用と創造」，「総合

学習」では「自立的な課題設定と探究」，「特別活動」等では「社会関係の自治的組織化と再構成」が中核に位置づけられ，各領域において中心的に意識すべき資質・能力の要素（知識，スキル，情意）が明示されている（表7-4の網かけ部分）。

さらに，汎用的な力としての資質・能力の育成が強調される教育課程においては，各教科内容の深い理解や本質的な営みを見失わないことも肝要となろう。

4 質の高い学びをもたらす教育課程実践

（1）資質・能力を育成する中学校社会科の授業へ

資質・能力の育成を目指す実践例として，ここでは横浜国立大学教育人間科学部附属横浜中学校の三藤あさみ教諭による社会科の実践を取り上げよう。

三藤教諭はもともと，暗記中心の授業を行っていたという。そのような実践を転換したきっかけは，1995（平成17）年3月に起こったオウム真理教による「地下鉄サリン事件」にある。この事件を引き起こした人たちが学校の成績は優秀だったことにショックを受け，これまで自分が行ってきた暗記中心の社会科の授業では，「社会をよくしていこうと考える大人に育てることはできない」（三藤・西岡，2010，60頁）と痛感する。

そこで三藤教諭は，G. ウィギンズと J. マクタイが提唱する「逆向き設計」論を活用した実践を開始する。この理論は，個別の知識の習得だけでなく，それらを総合して活用することを求める課題を設定し，教科内容の深い理解を子どもたちにもたらそうとするものである。学習計画において評価方法を学習と指導の先に考えることから，「逆向き設計」論と呼ばれている（第12章参照）。

「逆向き設計」論を活用した三藤教諭の実践の特徴として，次の3点をあげることができる。一つ目は，社会科において多くの知識を暗記させるだけではなく，社会科の核となる観念を問う「本質的な問い」を設定することにより，思考力・判断力・表現力を育成しようとしていることである。二つ目は，そのような力を身につけたことを生徒に表現させるために，現実世界を模した文脈において知識・技能を総合して活用することを求める「パフォーマンス課題」

表7-5 単元「経済」の「本質的な問い」と「パフォーマンス課題」

本質的な問い
どんな経済問題があるのか。その原因は何か。どうすれば問題を解決できるのか。

パフォーマンス課題
あなたは国会議員です。まもなく衆議院議員選挙が行われます。テレビFYでは選挙に向けて，経済政策に関する連続討論番組を行うことになりました。番組では，それぞれのテーマについて，考え方の違う経済政策を主張する議員が登場し，それぞれの政策を主張する討論会を行います。テーマは次の3種類です。

1．経済格差の縮小～ワーキングプアの問題
　A：さらなる自由競争を進める
　B：社会保障を強化する
2．環境政策
　A：温暖化防止を最優先にする
　B：国際競争に打ち勝つことを優先する
3．食料政策
　A：貿易の自由化をさらに強化
　B：食料生産の保護をして食料自給率の向上

まず自分が"国会議員"として登場したい回を選び，
　(1)「何が問題なのか，その問題を生じさせている原因は何か」を社会のしくみから解説します。
　(2)(1)の解説とともに，「どうすれば，問題を解決できるのか」の政策提言を行います。
そして，
　(3) 同じ問題に対して別の提言を行っている議員と論争するとともに，番組に参加している一般の視聴者からの意見や質問に答えてください。
　(4) 最後に，討論会のあとにその内容を生かし，必要な修正を加えて政策提言レポートを完成させてください。

出典：三藤・西岡（2010）をもとに筆者作成。

を行っていることである。三つ目は，上述の「本質的な問い」を入れ子状に設定することにより，中学校3年間を見通し，長期的な視野をもって思考力・判断力・表現力を育成していることである。

（2）単元「経済」

第3学年の10月に実践した公民分野の単元「経済」の例をみてみよう。三藤教諭は，この単元における「本質的な問い」と「パフォーマンス課題」を表7-5のように設定した。経済問題をどう解決するかという「本質的な問い」や，その問いのもとで国会議員として討論会を行い，最後に政策提言レポートを作成することを求める「パフォーマンス課題」には，暗記科目としての社会

第7章　資質・能力の育成と教育課程

「幸福と平和とは何か。どうすれば，平和で幸福な社会を築けるのか」

地理的分野

◇1．地理的条件とは何か。
◇2．人々は，どのような地理的条件のもとで，どのような暮らしをしているのか。それはなぜか。
◇3．私たちはどのように地理的条件を変えることができるのか。どうしていけばいいのか。

┌─ Ⅰ．私たちの世界そして日本 ─┐
◎世界はどのような地域で構成されているのか。その特色は，どのようにとらえられるのか。
○その大陸や州には，どんな地理的な特色が見られるのか。
○日本はどのような地域で構成されているのか。その特色はどのようにとらえられるのか。

┌─ Ⅱ．身近な地域を調べよう ─┐
◎身近な地域の特色は，どのようにとらえられるのか。
○今，身近な地域はどのような状況にあるのか。
○地域が発展するにはどうしたらいいのか。
○身近な地域の特色（人口・産業，地図・統計資料）は，どのように変化してきたのか。それはなぜか。どのように地域を変えていくことができるのか。

┌─ Ⅲ．都道府県を調べよう ─┐
◎他の県の人々は，どのような地理的条件のもとでどのように暮らしているのか。
○彼らは，どのように地理的条件を変えているのか。

┌─ Ⅳ．世界の国々を調べよう ─┐
◎他の国の人々は，どのような地理的条件のもとでどのように暮らしているのか。
○彼らは，どのように地理的条件を変えているのか。

┌─ Ⅴ．様々な面からとらえた日本 ─┐
◎世界から見て，日本の人々はどのような地理的条件のもとでどのように暮らしているのか。
○私たちは，どのように日本の地理的条件を変えることができるのか。

歴史的分野

◇1．なぜ中学校で歴史を学習するのか。
◇2．時代が変わるとはどういうことか。
◇3．社会を変えるのは何か。どのように変えていくことが民主的で平和的な国家・社会をつくりあげることになるのか。

┌─ Ⅰ．古代 ─┐
◎文明はなぜうまれたのか。

┌─ Ⅱ．平安時代～江戸時代 ─┐
◎政治の権力はどのように移り変わるのか。それによって社会はどのように変化するのか。
○武士とは何か。なぜ出現したのか。
○武士による政治を実現するために，一番貢献したのはだれか。幕府ができたことで社会はどう変化したのか。
○江戸幕府がなぜ他の幕府より長く続きをしたのか。そのような幕府によって社会はどのように変化したのか。

┌─ Ⅲ．明治維新～日清戦争 ─┐
◎明治維新とは何か。この政治改革の本質的な特徴は何か。
○明治維新という政治改革をもたらしたのは何か。
○この政治改革の結果としてどう社会が変わったか。明治維新の結果，人々は幸福で平和に暮らせるようになったのか。
○江戸時代末期の日本の文化は当時の西洋の文化より劣っていたのか。

┌─ Ⅳ．日露戦争～第二次世界大戦 ─┐
◎戦争はなぜ起こるのか。戦争を起こさない平和的な国を保つにはどうしたらよいのか。

◇　分野全体を包括する問い
◎　単元ごとの大きな問い
○　内容や項目にかかわる問い

公民的分野

◇1．なぜ中学校で公民を学習するのか。
◇2．人々の幸せとは何か。私たちは今，幸せな生活を送っているのか。もっと人々が幸せに暮らせるようになるためには，日本の社会はどのようになる必要があるのか。
◇3．人々が幸せに生きられる社会のしくみはどのようなものか。

┌─ Ⅰ．私たちの暮らしと現代社会 ─┐
◎戦後の日本社会はどのような幸せを追求してきたのか。

┌─ Ⅱ．私たちの暮らしと民主政治 ─┐
◎民主主義とは何か。民主的な国家とはどのようなものか。
○人々が幸せに生きられるためには憲法はどのようにあるべきか。
○基本的人権とは何か。基本的人権はどのように変化・発展しているのか。今後，どのような基本的人権が保障されるべきか。
○民主主義を維持するためにはどのような政治のしくみをつくるべきか。独裁政治を防ぐには何が大切なのか。

┌─ Ⅲ．私たちの暮らしと経済 ─┐
◎経済とは何か。人々が幸せに生きられる経済のしくみはどのようなものか。どうしたらよりよい経済のしくみを築くことができるのか。
○人々がより安定した家計を営み，幸せに生活をするためには，どのような価格設定が必要なのか。
○人々がより安定した家計を営み，幸せに生活するためには，どのような企業や金融の活動が必要なのか。
○人々が幸せに生活するために，政府は経済活動の面でどのような役割をするべきなのか。

┌─ Ⅳ．地域社会と私たち ─┐
○人々が幸せに生きられる国際社会はどのようなものか。
○今，世界の人々は皆幸せに生きているのか。世界の平和のために日本ができる役割はどのようなものか。
○人々が幸せに生活するためには環境はどうあるべきか。また資源はどのように使うべきなのか。

図7-5　包括的な「本質的な問い」と単元ごとの「本質的な問い」──入れ子構造（例）
出典：三藤・西岡（2010）52～53頁をもとに筆者作成。

科の印象はみられない。むしろ，学習した知識をもとに自らが思考し，判断し，自分の考えを他者に納得してもらえるように表現するといった高次の能力を発揮することが生徒たちに求められている。もちろん，生徒たちはいきなりこのような難題に挑むのではない。毎時間の授業の最後に，当該授業の学習内容でパフォーマンス課題と関連づけられた小課題を解いていくといったことを積み重ねていく。

（3）思考力・判断力・表現力の長期的な育成

　また，生徒たちは中学校3年間を通して繰り返し類似のパフォーマンス課題に取り組むことによって，思考力・判断力・表現力を長期的に伸ばしていく。三藤教諭は，3年間で11のパフォーマンス課題を実践している。

　図7-5は，入れ子構造になっている「本質的な問い」の例である。このように「本質的な問い」を設定することで，社会科の教育課程全体を見通して各単元を設計することが可能となる。三藤教諭は，中学校3年間を通して社会科において考えさせたい包括的な「本質的な問い」を「幸福と平和とは何か。どうすれば，平和で幸福な社会を築けるのか」と設定している。その中に，地理的分野，歴史的分野，公民的分野で考えさせたい問いが位置づいている。このようにして長期的な視点をもつことにより，一朝一夕で身につけることが難しい資質・能力を育成することが目指されているのである。

引用・参考文献
安彦忠彦（2014）『「コンピテンシー・ベース」を超える授業づくり——人格形成を見すえた能力育成をめざして』図書文化。

稲葉宏雄（1980）「到達度評価研究の今日的課題（1）　到達目標をめぐる諸問題」『到達度評価研究ジャーナル』1号。

勝田守一ほか（1962）「誌上パネル　学力とはなにか」『教育』12(7)。

勝田守一（1964）『能力と発達と学習』国土社。

グリフィン，P. ほか編，三宅なほみ監訳（2014）『21世紀型スキル——学びと評価の新たなかたち』北大路書房。

中内敏夫（1976）『増補　学力と評価の理論』国土社。

第7章 資質・能力の育成と教育課程

中内敏夫（1977）「教育の目標・評価論の課題」『教育』27-(7)。

中原克巳（1983）「到達度評価の実践」『現代教育科学』26-(7)。

広岡亮蔵（1964）「学力，基礎学力とはなにか——高い学力，生きた学力」『別冊　現代教育科学』臨時増刊号。

本田由紀（2008）『多元化する「能力」と日本社会——ハイパー・メリトクラシー化のなかで』NTT出版。

松下佳代編著（2010）『〈新しい能力〉は教育を変えるか——学力・リテラシー・コンピテンシー』ミネルヴァ書房。

三藤あさみ・西岡加名恵（2010）『パフォーマンス評価にどう取り組むか——中学校社会科のカリキュラムと授業づくり』日本標準。

ライチェン，D.S. ほか編著，立田慶裕監訳（2006）『キー・コンピテンシー——国際標準の学力をめざして』明石書店。

（学習の課題）

(1)　DeSeCo のキー・コンピテンシーと ATC21s の「21世紀型スキル」は，学校においてすべての子どもに育成する資質・能力としてどのような点に妥当性があり，またどのような点に課題があるだろうか，話し合ってみよう。

(2)　資質・能力の育成を目指して設計された単元「経済」の「パフォーマンス課題」に挑んだ生徒たちに身についた力は，彼らが大人になったときにどのように役立つだろうか。自分が中学校で身につけた力と比較しながら考えてみよう。

【さらに学びたい人のための図書】

グリフィン，P. ほか編，三宅なほみ監訳（2014）『21世紀型スキル——学びと評価の新たなかたち』北大路書房。

　　⇨ATC21s「21世紀型スキル」がなぜ必要であり，どのように定義されたのかを詳しく学ぶことができる。

三藤あさみ・西岡加名恵（2010）『パフォーマンス評価にどう取り組むか——中学校社会科のカリキュラムと授業づくり』日本標準。

　　⇨中学校社会科における資質・能力を育成するパフォーマンス課題の実践の方法と，それが生徒たちにもたらすものについてより詳しく学ぶことができる。

ライチェン，D.S. ほか編著，立田慶裕監訳（2006）『キー・コンピテンシー——国際標準の学力をめざして』明石書店。

　　⇨OECD による DeSeCo キー・コンピテンシーが定義された経緯について学ぶことができる。

（小山英恵）

第8章　主権者を育てる教育課程

この章で学ぶこと

　2017年に改訂された学習指導要領のポイントの一つとして、「主権者教育」の充実があげられる。この主権者教育とはどのような教育活動なのだろうか。また、学校教育においてどのように実践していけばよいのだろうか。本章では、主権者教育が重視されるようになった背景や目的、実践の場、指導事例の概要とその特徴、実践上の留意点などを取り上げる。本章での学びを通して、まず、主権者教育に関する基礎的な知識を習得することと、主権者教育の実践のイメージを豊かにすることを目指してほしい。さらに、それを踏まえて、自身が目指す主権者教育の実践の具体化につなげていってもらいたい。

1　主権者を育てる教育とは何か

（1）注目されるに至った背景

　文部科学省が2015（平成27）年11月に設置した「主権者教育の推進に関する検討チーム」は、「『主権者教育の推進に関する検討チーム』最終まとめ──主権者として求められる力を育むために」（2016年6月13日）（以下、「最終まとめ」）において、主権者教育の目的を、「単に政治の仕組みについて必要な知識を習得させるにとどまらず、主権者として社会の中で自立し、他者と連携・協働しながら、社会を生き抜く力や地域の課題解決を社会の構成員の一人として主体的に担うことができる力を身に付けさせること」とした。ここからわかるように、主権者教育では、「政治の仕組みについて必要な知識の習得」「社会の中で自立して生き抜く力」「他者と連携・協働する力」「地域の課題解決に主体的に取り組む力」などを児童生徒に習得させることが目指される。

こうした主権者教育の重要性が強調されるようになった重要な背景の一つには，2015年6月に行われた公職選挙法の改正がある。そこでは選挙権年齢が引き下げられ，満18歳以上（それまでは満20歳以上）の国民が選挙権を有することとなった。これによって高校生が選挙に参加する可能性が生まれ，とくに高等学校において，こうした動きへの対応が求められるようになったのである。

（2）主権者教育の射程

2017（平成29）年3月に出された「主権者教育の推進に関する有識者会議とりまとめ」（以下，「とりまとめ」）において「若者だけではなく，子供から高齢者までのあらゆる世代の国民には，日本を支える主権者として，情報を収集し，的確に読み解き，考察し，判断を下せる政治的リテラシー（政治的判断能力）を醸成することが重要であり，様々な機会を通じた不断の取組が必要となる」（主権者教育の推進に関する有識者会議，2017，1頁）と示されているように，主権者教育とは学校教育の中で，18歳以下の児童生徒のみを対象として実践されるものではない。小・中・高等学校はもちろん，大学における取組みや社会人を対象とした取組みにはどのような手法や機会を活用し得るのかなどについても検討し，それらとの関連も念頭に置きながら実践づくりを進めていくことが求められる。

また，前項で指摘したように主権者教育では，「政治の仕組みについて必要な知識の習得」だけではなく「社会の中で自立して生き抜く力」「他者と連携・協働する力」「地域の課題解決に主体的に取り組む力」などを身につけさせることが目指される。ここからもわかるように，その充実した取組みの実現を目指すとき，主権者教育とは決して「有権者」となるための教育や政治についての知識を獲得するための教育にとどまるものではない。自身がどのように生きていきたいのか，どのような社会の実現を目指したいのかといった点も模索しながら，他者とともに，そうした生き方や社会の実現に向けて取り組んでいくことが求められるのである。

（3）自身の生き方と社会のあり方の模索と実現につながる主権者教育

　自身の生き方と社会のあり方の模索と実現につながる主権者教育を実践するにあたって，学習指導要領でもその重要性が強調されている「持続可能な開発のための教育」（Education for Sustainable Development：以下，ESD）との関わりを意識することは重要である。ESD とは，「これら〔引用者注：環境，貧困，人権，平和，開発〕の現代社会の課題を自らの問題として捉え，身近なところから取り組む（think globally, act locally）ことにより，それらの課題の解決につながる新たな価値観や行動を生み出すこと，そしてそれによって持続可能な社会を創造していくことを目指す学習や活動です。つまり，ESD は持続可能な社会づくりの担い手を育む教育です」（日本ユネスコ国内委員会のウェブサイト内にある ESD に関するページ，下線は原文のまま）と定義される教育活動である。

　その定義からもわかるように，ESD では与えられた知識や技能などの習得にとどまるのではなく，持続可能な社会の創造を目指して既存の社会に存在している様々な社会問題の実態を把握し，その解決に向けた取組みを行うことのできる人間の育成が目指されている。また，少なくとも現在のところ，持続可能な社会のあり方やそれを実現するための方法に関しては唯一絶対の「正解」は存在していない。そのため，ESD では「正解」を学ぶのではなく，あらゆる教科・領域での学習を通して様々な社会問題を捉える視点や関連する知識を身につけたり問題解決に取り組むために必要な技能を習得したりするとともに，それらに基づいて他者と議論をしながら解決策を模索し，実現のために取り組んでいくことが求められる。主権者教育を進める際にも，こうした点を意識しながら実践を構想し，進めていくことが大切である。

2　学習指導要領における主権者教育

（1）主権者教育で育成を目指す資質・能力と教育課程における位置づけ

　2017年版（高等学校は2018年版の予定）学習指導要領に影響を与えている中央教育審議会の「幼稚園，小学校，中学校，高等学校及び特別支援学校の学習指

第8章　主権者を育てる教育課程

表8-1　主権者教育で育成を目指す資質・能力の内容

知識・技能
● 現実社会の諸課題（政治，経済，法など）に関する現状や制度及び概念についての理解 ● 調査や諸資料から情報を効果的に調べまとめる技能
思考力・判断力・表現力等
● 現実社会の諸課題について，事実を基に多面的・多角的に考察し，公正に判断する力 ● 現実社会の諸課題の解決に向けて，協働的に追究し根拠をもって主張するなどして合意を形成する力
学びに向かう力・人間性等
● 自立した主体として，よりよい社会の実現を視野に国家・社会の形成に主体的に参画しようとする力

出典：中央教育審議会（2016）別紙5，24頁をもとに，筆者が作成。

導要領等の改善及び必要な方策等について（答申）」（2016年12月21日）（以下，「答申」）では，主権者として必要な資質・能力を，「社会の基本原理となる法やきまりについての理解を前提に，政治的主体，経済的主体等やその複合的な主体に必要な知識を習得させるのみならず，事実を基に多面的・多角的に考察し，公正に判断する力や，課題の解決に向けて，協働的に追究し根拠をもって主張するなどして合意を形成する力，よりよい社会の実現を視野に国家・社会の形成に主体的に参画しようとする力」としている。そして，主権者教育で育成を目指す資質・能力を，「知識・技能」「思考力・判断力・表現力等」「学びに向かう力・人間性等」の三つの柱に基づいて，表8-1に示したかたちで整理している（中央教育審議会，2016，別紙5，24〜25頁）。

　次項以降でも示すように，主権者教育は，特定の教科・領域のみで実践されるものではない。そのため，表8-1に示した資質・能力をどのような教科・領域の中でどのように育成することが可能であるのかを検討し，それに基づいて効果的なカリキュラム編成を行うことが求められる。

（2）教科教育における主権者教育

　ここではまず，教科教育における主権者教育の位置づけとその実践方法について考えていく。育成を目指す資質・能力の一つに「現実社会の諸課題（政治，経済，法など）に関する現状や制度及び概念についての理解」があげられてい

ることもあり，小・中学校における社会科や高等学校における公民科が，主権者教育を実践する主要な教科として捉えられている。とくに，高等学校の公民科において2018年版学習指導要領で新設される予定の共通必履修科目「公共」は，その中心的な役割を担うものになると考えられる。

「答申」の中にある「主権者として必要な力を育む教育のイメージ」では，社会科や公民科などで行われる取組みとして，たとえば，日本国憲法や国民としての権利および義務，政治の働きや経済活動などに関する学習，模擬選挙や模擬裁判の実施，「身近な地域の観察や調査」などがあげられている。また，小学校の生活科では「集団や社会の一員として自分の役割や行動の仕方について考え，安全で適切な行動ができる」ことなどが，家庭科では「生涯の生活を設計するための意思決定」などがあげられている（中央教育審議会，2016，別紙5，25頁）。

もちろん，主権者教育はこれらの教科でのみ実践されるものではない。たとえば，国語科ではまとまった文章の要点を読み取ったりまとめたりする学習活動が，理科では実験や調査を行い，わかったことを効果的にまとめて提示する学習活動が行われることもある。これらは，表8-1に示した「調査や諸資料から情報を効果的に調べまとめる技能」につながるものと考えることができる。また，様々な教科の学習の中で，グループで力を合わせて問題に取り組んだり，お互いの考えを述べて議論をしながら課題解決に取り組んだりすることもあるだろう。こうした学習活動は，表8-1に示した「協働的に追究し根拠をもって主張するなどして合意を形成する力」の育成につながるものといえる。このようにして，主権者教育で育成が目指される資質・能力を各教科でどのように育成できるのかを検討しながら取組みを進めていくことが重要である。

（3）教科外教育における主権者教育

続いて，教科外教育における主権者教育の位置づけとその実践方法について考えていく。教科外教育としてとくに想定されるのは，特別活動と総合的な学習の時間（2018年版学習指導要領では，高等学校のみ「総合的な探究の時間」に名称

が変更される予定），そして，小学校と中学校で設置（小学校では2018年度から，中学校では2019年度から全面実施予定）されている「特別の教科 道徳」である（「特別の教科 道徳」には「教科」の名称が付されているが，従来は教科外教育として捉えられてきたものであり，2017年版学習指導要領でも「各教科」とは別に章立てされているため，ここでは教科外教育として取り上げる）。

「答申」では，特別活動における取組みとして，「学級活動・児童会活動を通した集団の一員としてよりよい学校づくりへの参画（小学校）」「学校行事で職場体験やボランティア活動などの体験活動（中学校，高等学校）」などがあげられている。また，小・中・高等学校における総合的な学習の時間において「地域の教材を活用しながら，地域の特色に応じた課題についての学習活動」を行うことが，「特別の教科 道徳」では「様々な集団の中で自分の役割を自覚して集団生活の充実に努める」ことや「社会参画の意識と社会連帯の自覚を高め，公共の精神をもってよりよい社会の実現に努める」ことが提案されている（中央教育審議会，2016，別紙5，25頁）。ここからもわかるように，教師の工夫次第で，主権者教育には多様な実践の可能性が広がっているのである。

なお，こうした学習活動は，これまでにも様々な学校で，様々なかたちで実践されてきたものである。主権者教育の導入に際して，まずはこれまでに行われてきた教育活動を，どのように継承することができるのか，どこをどのように修正したり加えたりする必要があるのかという視点で検討することから始めることが重要である。

3 指導事例の検討

（1）指導事例の概要

ここでは，総務省と文部科学省によって作成された高校生向けの副教材である『私たちが拓く日本の未来——有権者として求められる力を身に付けるために』（以下，『私たちが拓く日本の未来』）にある指導事例の中から，「地域課題の見つけ方」という事例を取り上げる（総務省・文部科学省，2015a，44～49頁）。

これは，自分が住んでいる（あるいは学校のある）身近な街の実情を調べ，街のことをより深く知ることをねらいとした学習活動である。また，この副教材の教師向けの指導資料である『私たちが拓く日本の未来〈活用のための指導資料〉──有権者として求められる力を身に付けるために』（以下，『指導資料』）では，「地域調査の基本的な手法を身に付け，実際に調査を行ってみることを通して，生徒自身がより良い社会を形成していく『街の主役』であることについて自覚させることをねらいとしている」と説明されている（総務省・文部科学省，2015b，32頁）。この指導事例の学習の流れは，表8-2に示した通りである。

（2）指導事例の特徴

　表8-2に示した指導事例で直接的に扱われている主なテーマは，地域課題とそれに関わる自治体の取組みである。主権者として生きていくためには，もちろん，政治活動に主体的に参加することは重要である。そのため，この事例で取り上げられているように，自分たちの地域の実情や政治の実態に関する調査を行い，その方法や必要性を学ぶことは，主権者教育における重要な取組みの一つであるといえる。

　ところで，たとえばこの取組みを進める中で必要となる政治の内容や議論の対立点を理解するためには，文章を読む力や複数の情報を比較して検討する力が必要となる。また，グループで情報を整理するためには，自分の考えをわかりやすく他者に伝える力や他者の意見を理解する力，お互いの意見を批判的に検討する力なども求められる。さらに，お互いがただ意見を述べ合ったり批判し合ったりすることにとどまるのではなく，よりよい結果に向けて協働するためには，合意形成を図る力や相手の考えを受け入れる態度なども重要となる。

　このように考えると，この指導事例に示されている実践を充実したかたちで展開するためには，様々な教科や領域における学習活動を通して，様々な力を高める必要があるということが見えてくる。主権者教育を進めるためには，こうした視点を意識しながら取組みの内容を検討し，主権者として生きるとはどのように生きることをさすのか，そしてそうした生き方を実現するためにはど

第8章　主権者を育てる教育課程

表8-2　指導事例「地域課題の見つけ方」の学習の流れ

（1）基礎情報をまとめる
●自治体のホームページや統計情報などを参照し，人口や面積，財政状況などをまとめる
（2）着目点を整理する
●街について調べる中で，あるいは日々の生活の中で，街について気になった項目を書き出してみる
・日常を振り返り，困っていることや良いと思うこと，その他に気になることを，個人で書き出すとともにグループで共有して話し合う
・グループごとに，関心のある分野（教育，子育て，環境など）の街の特徴を整理する
（3）身近な街の政治の状況を知る
●行政発行広報誌や自治体の公表する街の長期計画などを用いて，行政の基礎情報を収集し，読み解く
●議会発行情報誌や議会議事録を読み解き，今，議会で何が議論されているのかを調べる
（4）まとめ
●調べてきた内容をもとに，自身が設定した着目点に関して，街の行政・政治の現状を評価するとともに，将来どのようになっていきそうであるかを考える
●地域を作り，支える者として，行うべきことや自身が暮らすうえで意識したいことを考える

出典：総務省・文部科学省（2015a）44～49頁をもとに筆者が作成。

のような力の獲得が求められるのかを明確にしたうえで，学校教育全体を通してそうした力をつけるための取組みを検討し，進めていくことが求められるのである。

4　主権者教育を進める際の留意点

（1）政治的中立性への配慮

　教育基本法の第14条では，政治教育に関して，次のように示されている。

（政治教育）
第十四条　良識ある公民として必要な政治的教養は，教育上尊重されなければならない。
2　法律に定める学校は，特定の政党を支持し，又はこれに反対するための政治教育その他政治的活動をしてはならない。

　ここからわかるように，学校教育において政治的教養を育むことは重要であるものの，その際に政治的中立性への配慮を念頭に置くことが重要な留意点の

一つとなる。これはまた，児童生徒の思想・良心の自由をいかに保障するのかという点とも関わるものである。なぜなら，教師の何気ない言動が児童生徒の思想や価値観の形成に大きな影響を与える場合も考えられるためである。

教育活動，とくに，児童生徒を対象とする公教育においては，児童生徒一人ひとりが自身の知識や経験に基づいて自分なりの判断を行う力を育成するための学習の機会を保障することが不可欠である。したがって，教師がカリキュラム編成や授業づくりを行う際には，無意識的にでも児童生徒をある特定の考えや価値観の習得に方向づけてはいないかを十分に吟味することが求められる。そのためには，たとえば，提示する資料や情報が特定の主張に偏ったものになっていないか，学習テーマに関わる様々な主張のせめぎ合いや社会構造などに目を向ける機会が設定されているか，多様な意見が許容されるテーマや評価基準が設定できているか，自由に互いの価値観を表現したり異なる価値観を受け入れたりできる人間関係づくりやクラス運営が行えているかなどを検討することが重要となるだろう。

（2）公職選挙法の内容に関する理解の保障

高等学校においては，18歳になって選挙権をもつ生徒と18歳未満のために選挙権をもたない生徒が混在することとなる。この場合，たとえば選挙運動に関して同じことを行っていても，選挙権をもてば法的に許され，もたない間は許されないということも出てくる。また，パソコンやスマートフォンなどを用いてメールや SNS（Social Networking Service）などを利用している高校生が多い今日，それを用いて何気なく行った情報発信が法的に認められないということが起こり得ることにも注意が必要となる。したがって，生徒自身が公職選挙法の内容を十分に理解し，正しい知識に基づいて，行ってもよいことと行ってはならないことを判断することが求められる場面が出てくる。

教師にもまた，教育活動を進める際に留意すべき点が出てくる。たとえば，実際に行われる選挙に合わせるかたちで模擬選挙を実施する場合を考えてみよう。『指導資料』に示されているように，こうした取組みには「現実の具体的

な政治的事象について，各党や候補者の主張を公約等の様々な情報から判断することによって，具体的・実践的な政治的教養をはぐくむことができるなど有益な点が多い」一方で，実際の選挙に合わせて模擬選挙を実施する場合には，「事前運動の禁止」「人気投票の公表の禁止」「文書図画の頒布・掲示の制限」「投票の秘密保持」「満18歳未満の者の選挙運動の禁止」「教育者の地位利用の選挙運動の禁止」などに留意する必要がある（総務省・文部科学省，2015b，48〜52頁）。

　このように，主権者教育を進めるにあたっては，生徒自身にとくに理解させるべき内容を吟味してそれらを学習する機会を保障するとともに，授業づくりに関わる内容について教師自身が十分に理解することも求められる。もちろん，これらの内容については1人では判断しづらいことやわかりにくいこともあるだろう。その際には，同僚や教育委員会，選挙管理委員会などと情報交換をしながら，必要なことを十分に確認しつつ進めていくことが大切である。

（3）教師の役割の検討

　ここまで見てきたように，主権者教育で扱われる内容には，政治的中立性への配慮が求められることや論争的であること，1つの決まった「答え」があるわけではない場合も多いことといった特徴がある。もちろん，情報化やグローバル化が進展して未来の社会のあり方がますます不確実性を増している現代社会において，「答え」のない問題に取り組み，自分たちで問題解決を図るための力量を育むことは大変重要である。ただし，こうした問題を扱う際に教師は，「正解を知っており，その正解を学習者に教え，理解させる」という役割を担うことはできなくなる。

　そのため教師には，「教える者」としての教師観や力量に加えて「ファシリテーター」（facilitator）としての教師観や力量を身につけることも必要となる。ファシリテーターには，「促進者」や「進行役」という意味がある。すなわち，学習者のもっている知識や経験を引き出すことを促したり，学習者間の議論を促したりする役割を担う人と捉えられる。ファシリテーターとしての教師には，学習者一人ひとりが重要な知識や経験，意見をもっていることを信じ，それら

を引き出し，議論を形成することによって，お互いの考えを深めたりよりよいアイディアを創造したりすることのできる授業を展開することが求められるのである。そのためにはもちろん，日々の授業や児童生徒との関わりの中で，安心して自身の考えを発表することができる人間関係や教室の雰囲気をつくることも重要である。ある特定の授業の中だけでファシリテーターとしての役割を担うのではなく，教師としてどのように児童生徒と関係をつくり，ふるまうのかという，教師としての自身のあり方自体も吟味する必要があるといえるだろう。

5　充実した実践に向けて

（1）カリキュラム・マネジメントの実施

　先述のように，主権者教育とは学校教育全体を通じて取り組まれるべきものである。そのため，各教科・領域で実践されている取組みをうまく関連づけることや発達段階に応じて取組みのレベルを高めていくことなどが，主権者教育の効果を高め，より充実した取組みを展開していくためには重要である。このことは，たとえば先述した「とりまとめ」においても，「高校生段階においては，公民科目を担当する教員を中心に主権者教育が行われているところであるが，考える力，判断する力を醸成するための教育は，他の教科においても重要で，学校又は学年全体として発展的・系統的に指導することが大切」（主権者教育の推進に関する有識者会議，2017，12頁）と示されている。

　そこで考えるべきことの一つとしてあげられるのが，カリキュラム・マネジメントを行うことである。カリキュラム・マネジメントとは，「学習指導要領等を受け止めつつ，子供たちの姿や地域の実情等を踏まえて，各学校が設定する学校教育目標を実現するために，学習指導要領等に基づき教育課程を編成し，それを実施・評価し改善していくこと」（中央教育審議会，2016，23頁）を意味する。カリキュラム・マネジメントを行うためには，たとえば小学校では6年間，中学校および高等学校では3年間を通して，どの教科・領域のどの単元や授業などにおいてどのようなテーマや学習活動を位置づけるのか，それぞれをどの

第8章　主権者を育てる教育課程

ように関連づけるのか，それによってどのような力をどのように高めることをねらうのかといったことを，学年や教科をこえて教員間で議論し，教科・領域横断的かつ長期的な視野で計画・実施するとともに，その成果と課題を評価し，改善していくことが求められる。これによって，学校教育全体を通して主権者教育に取り組んでいくことが可能になるのである。

　また，「とりまとめ」では，「主権者教育として求められる教育は，社会の出来事を自ら考え，判断し，主体的に行動する主権者を育てること」にあり，そのためには「小さい頃から意識を醸成していくことが肝要」であるとともに，「子供から大人に至るまで，学び続ける主権者を育成することが必要」であることが示されている（主権者教育の推進に関する有識者会議，2017，9頁）。学校教育のカリキュラム・マネジメントを行う際にも，こうした長期的な視点に立って，学校卒業後も学び続ける主権者として生きていくことにつながる学校教育のあり方を念頭において議論を進めることが肝要である。

（2）学校，家庭，地域の連携

　学校の教師のみでは，本章で述べてきた要点や留意点を十分に踏まえて実践を計画したり実践したりすることが困難な場合も予想される。なぜなら，すべての教師が必ずしもこうした内容に関して専門的な知識や経験を十分に有しているわけではないためである。したがって，個々の教師や学校が，都道府県や市区町村の選挙管理委員会やNPOなどの団体とも連携しながら取組みを進めることも有効な手立てになり得る。また，各家庭で，児童生徒が自身の保護者や兄弟姉妹などと社会の諸課題や選挙などについて話し合う機会をもつことができれば，児童生徒の関心を高めたり，学校での学びをより広い文脈で学び直したり深めたりすることにもつながることが期待される。

　こうした連携を行うためには，連携可能な団体や人々を学校全体で共有しておくことが求められる。また，「保護者会」や「学校だより」などを通して学校と家庭が意思疎通を図ったり，どのような連携を求めるのか，どのような連携が可能であるのかをともに考えたりする機会を設定することも有効であろう。

教師が学校教育の専門家として，こうした連携を進めるためのコーディネーターとしての役割を担うことによって，主権者教育の実践をより充実したものとすることができるのではないだろうか。

ただし，学校外部の専門家や保護者との連携を行う場合，教師はただ相手に任せておけばよいというわけではない。たとえば，ゲストスピーカーとの事前の打ち合わせの中で，対象とする児童生徒がもっている知識や経験，とくに扱ってもらいたい内容などを伝えることや，質疑応答などを含めた時間配分などを共有することが大切である。こうした取組みによって，児童生徒の実態に合った学習活動を創造することが可能となるのである。

（3）「子ども（児童生徒）観」の問い直し

最後に，主権者教育を進めるにあたって，社会全体の「子ども（児童生徒）観」を問い直すことの重要性を指摘しておきたい。児童生徒が学習を通してどれほど力を高めたとしても，社会全体が児童生徒を重要な社会の担い手であると捉えることがなければ，主権者として社会に位置づくことは困難である。児童生徒一人ひとりが重要な経験やアイディアを有していることを信じ，大人とともに力を合わせて未来の社会をつくっていく主体であるという意識で児童生徒を捉えることがあってこそ，主権者教育が学校教育の中だけで進められる教育活動として終わるのではなく，真に社会のあり方を問い直し，よりよい社会づくりにつながるものとして実践される道が拓かれるのではないだろうか。

不確実な未来は，これから描き得る未来でもある。そして，そうした未来を描くのは，今を生きるすべての人々とこれから生まれてくるすべての人々である。主権者教育は，そうした人々が主体的に自身の人生や社会のあり方を模索しながら生きること，そして，そうした人生の実現や社会づくりに参画するための力を形成することにつながる重要な教育活動の一つであるといえる。主権者教育の重要性と可能性を意識しながら，各学校における取組みを構想し，実践していくための力量を，教師一人ひとりが身につけることが重要であるといえよう。

第8章　主権者を育てる教育課程

引用・参考文献

主権者教育の推進に関する検討チーム（2016）「『主権者教育の推進に関する検討チーム』最終まとめ——主権者として求められる力を育むために」。

主権者教育の推進に関する有識者会議（2017）「主権者教育の推進に関する有識者会議　とりまとめ」。

総務省・文部科学省（2015a）『私たちが拓く日本の未来——有権者として求められる力を身に付けるために』。

総務省・文部科学省（2015b）『私たちが拓く日本の未来〈活用のための指導資料〉——有権者として求められる力を身に付けるために』。

中央教育審議会（2016）「幼稚園，小学校，中学校，高等学校及び特別支援学校の学習指導要領等の改善及び必要な方策等について（答申）」（2016年12月21日）「別紙5：主権者教育で育成を目指す資質・能力」。

日本ユネスコ国内委員会のウェブサイト内にある ESD に関するページ。（http://www.mext.go.jp/unesco/004/1339970.htm：2018年2月8日確認）

（学習の課題）

(1) あなたが教師になった際に，主権者教育を，学校教育の中のどのような教科・領域の中で，どのようなかたちで実践することが可能であるのかをまとめてみましょう。

(2) 主権者教育の実践事例を探しましょう。そして，本章の内容も踏まえながら実践事例に見られる工夫や改善点などを検討し，実践の可能性についてのイメージを広げていきましょう。

(3) あなたが主権者教育を実践する際には，どのようなことを大切にしたり留意したりしようと考えますか。自分の考えをまとめるとともに，それを他者と共有し合い，お互いの考えを深めていきましょう。

【さらに学びたい人のための図書】

桑原敏典編著（2017）『高校生のための主権者教育実践ハンドブック』明治図書出版。
　　⇨学校全体で取り組む主権者教育のあり方や具体的な実践事例，指導の際のポイントなどを学ぶのに適した一冊である。

新藤宗幸（2016）『「主権者教育」を問う』岩波書店。
　　⇨『私たちが拓く日本の未来』および『指導資料』の批判的な検討も踏まえて，主権者教育のあり方を問い直すことのできる一冊である。

（木村　裕）

123

| 第 9 章 | 言語能力を育む教育課程 |

この章で学ぶこと

　2000年代以降，文部科学省は，一貫して言語に関わる政策を出してきた。しかし，その内容は，「言語活動の充実」からアクティブ・ラーニングへと変化し，さらに2017年改訂学習指導要領において，教育課程全体で言語能力を育成するという提言へと着地した。まずはこの変化の過程を辿ることで，教育課程全体で言語能力を育成するという提言の趣旨を正確に理解する。その後，国語科教育学の蓄積に学び，言語が果たす3つの役割を理解したうえで，思考に対して言語が果たす役割と果たせない役割を整理する。この整理を踏まえて，最後に，教育課程全体で言語能力を育成するという提案を実施する際の方向性を提示する。

1　PISA ショック以降の言語に関する提言の動向

（1）2004年 PISA ショック──「PISA 型読解力」

　2004（平成16）年12月，OECD-PISA 2003（平成15）年調査（2000年より3年おきに実施，PISA 調査については第7章を参照）の結果が公表され，「読解リテラシー」（Reading Literacy）分野における日本の生徒たちの成績が振るわなかったため，「読解力低下」「学力低下」と衝撃的に受け止められた（PISA ショック）。PISA ショック以降，文部科学省（以下，文科省）は言語に関わる様々な政策を出してきたが，その内容は大きく変化してきた。

　PISA ショック直後は，OECD-PISA 調査「読解リテラシー」が，従来の国語科において育成されてきた「読解力」以上の能力を測定の対象としていることが話題となった。そこで，OECD-PISA 調査「読解リテラシー」が測定している能力を，従来の国語科で育成してきた「読解力」と区別して，「PISA

型読解力」と呼ぶことが定着した。

2005（平成17）年12月に文科省が緊急発行した『読解力向上に関する指導資料　PISA 調査（読解力）の結果分析と改善の方向』では，「PISA 型読解力」の特徴が以下の 4 点に整理された（筆者により要約）。いずれの特徴も「〜だけではなく」と表現されており，従来用いられてきた「読解力」よりも広いという点が強調されている。

---

① テキストには，文学的文章や説明的文章などの「連続型テキスト」だけではなく，図，グラフ，表などの「非連続型テキスト」を含んでいること
② テキストの「内容」だけではなく，構造・形式や表現法も，評価すべき対象となること
③ テキストに書かれた「情報の取り出し」だけではなく，「テキストの解釈」，「熟考・評価」も含んでいること
④ テキストを単に「読む」だけではなく，テキストを利用したり，テキストに基づいて自分の意見を論じたりするなどの「活用」も含んでいること

以上の特徴のうち，とくに④に注目してほしい。OECD-PISA 調査は「読解リテラシー」分野だけではなく，「数学的リテラシー」（Mathematical Literacy）分野と「科学的リテラシー」（Science Literacy）分野においても調査を行っている（さらに分野が加わる場合もある）。それらの分野において測定している能力も，単に知識を暗記・再生するだけではなく，習得した知識に基づいて問題解決を行うといった「活用」を含んでいることが話題となった。こうして，OECD-PISA 調査が測定する「リテラシー」は，わが国では「活用する力」という言葉で受け止められ，PISA ショックを直接的に受けた国語科を超えて，全教科で「活用する力」を育成することが教育改革の課題とみなされていった。

（2）2008年改訂学習指導要領——「活用する力」と「言語活動の充実」

「PISA 型読解力」の育成という課題が全教科で共有されつつある中，2008（平成20）年，学習指導要領が改訂された。同要領の特徴は，「活用する力」を含む「確かな学力」の育成，および「言語活動の充実」という 2 点にあった。

「確かな学力」とは，①基礎的・基本的な知識・技能の習得，②知識・技能を活用して課題を解決するために必要な思考力，判断力，表現力等（「活用する力」），③学習意欲，の3つを学力の要素として規定したものである。

　これら3つの学力要素のうち，改訂の目玉であった「活用する力」の指導として，「国語科のみならず各教科等において，記録，要約，説明，論述といった言語活動を発達の段階に応じて行う」ことが求められた。また国語科においても，「言語活動を通して指導事項を指導する」ことが明記された。こうして全教科で「言語活動の充実」が推進されることになった。そして「言語活動の充実」というスローガンは，選ばれた言語活動が「記録，要約，説明，論述」である点に象徴されるように，伝え合い・話し合いといったコミュニケーション活動の充実として実施されていった。

　しかし，教科の知識を「活用」して行う問題解決は，「記録，要約，説明，論述」といった一般的な言語活動の組合せではない。たとえば理科では，「問題─既習の知識に基づく予想・仮説─討論─実験─結果─考察（一振返り）」という授業過程が一般化しており，その過程には確かに記録や説明という言語活動も挟み込まれている。しかしながら，理科の授業過程はあくまで理科らしい問題解決過程に沿っているのであって，一般的な言語活動を組み合わせているわけではない。ましてや，伝え合い・話し合いといったコミュニケーション活動のために理科授業を行うわけではない。

　したがって，「言語活動の充実」というスローガンは，必ずしも教科の学力向上にはつながらないという批判が上がった。また，各教科における「活用する力」を評価するための評価問題が，単に国語科の書く力（表現力）を評価することに陥っているという批判もあった（たとえば，日本教育方法学会，2009に収められた各論考を参照）。

（3）2010年代前半──汎用的資質・能力とアクティブ・ラーニング

　2010年代に入ると，教育改革の中心は，小学校～高等学校教育から大学教育に移った。ただし，大学教育改革は大学入試改革や高大接続という内容を含ん

でいるため，高校にも強く影響を及ぼし，その余波が小・中学校にも及ぶことになった。

2012（平成24）年，中央教育審議会（以下，中教審）が，答申「新たな未来を築くための大学教育の質的転換に向けて」において，アクティブ・ラーニングを提唱した。この時点では，アクティブ・ラーニングは明確な定義をもっていなかった。

しかし，アクティブ・ラーニングという言葉は，高大接続をめぐる議論を通して，「活用する力」の育成を課題としてきた小・中・高校の授業改革論においても用いられるようになる。2014（平成26）年，中教審答申「新しい時代にふさわしい高大接続の実現に向けた高等学校教育，大学教育，大学入学者選抜の一体的改革について」では，アクティブ・ラーニングは「課題の発見と解決に向けた主体的・協働的な学習・指導方法」と定義された。このアクティブ・ラーニングの定義によって，「活用する力」の指導・学習方法に関するキーワードは，「言語活動の充実」からアクティブ・ラーニングおよび「主体的・協働的な学び」へと変化した。

さらにアクティブ・ラーニングは「活用する力」を超えて，資質・能力とも結びついた。資質・能力とは，2000年代に入って以降，学力に代わって登場した概念であり，客体的な知識ではなく主体の側で生きて働く汎用的能力という意味合いをもつ。資質・能力の中には，各教科における「活用する力」以外にも，コミュニケーション能力や自己調整能力といった，教科の知識と直接的な関係をもたないものも多く含まれる（資質・能力については，第7章を参照）。

こうして，2010年代前半の教育改革の論調は，各教科における「活用する力」の育成を目指す「言語活動の充実」から，通教科的な汎用的資質・能力の育成を目指すアクティブ・ラーニングへと移っていった。そもそも「言語活動の充実」が教科の固有性を追求しておらず，またコミュニケーション活動の充実として広まったことが，汎用的資質・能力の育成を目指すアクティブ・ラーニング論への移行に拍車をかけたと考えられる。

したがって，当然のことながら，上のような流れと並行して，教科の固有の

論理に基づいて教科の授業改革を行うべきだという批判も大きくなっていった。

2　2017年改訂学習指導要領における言語に関する提言

（1）教科固有の「見方・考え方」と「主体的・対話的で深い学び」

　前節において述べたように，PISA ショック以降いくつかの段階を踏んで，通教科的な汎用的資質・能力の育成を目指すアクティブ・ラーニング論ができあがった。しかし，そのアクティブ・ラーニング論は，2017（平成29）年改訂学習指導要領において全面展開したわけではなかった。

　アクティブ・ラーニング論とそれに対する批判がせめぎ合う状況において，2012年，文科省は「育成すべき資質・能力を踏まえた教育目標・内容と評価のあり方に関する検討会」を設置した。同検討会では，諸外国および日本における教育改革の動向に関して，とくに汎用的資質・能力の内実とその指導・学習方法に焦点化した検討が行われた。そして2014年 3 月，同検討会による「論点整理」が出された。

　「論点整理」は，教科で育てる資質・能力の一つに，教科固有の「見方・考え方」すなわち教科の重要な概念や教科固有の問題解決能力を位置づけた。これはつまり，文脈を超えて働く主体の能力の中に，通教科的で汎用的な資質・能力のみならず，その教科らしい問題解決を通して育まれる対象への深くて広い理解，結果として様々な場面において発揮される教科固有の能力（「見方・考え方」）をも含ませたということである。

　「論点整理」を受けて2016（平成28）年12月に出された中教審答申では，アクティブ・ラーニングを学習のあり方を問い直す「視点」と意味づけ，教科固有の「見方・考え方」を鍛える「主体的・対話的で深い学び」という学習のあり方を提起した。「論点整理」以前までキーワードとなっていたアクティブ・ラーニングは，学ぶ主体の側に光を当てた学びのあり方を表現している。それに対して「主体的・対話的で深い学び」は，学ぶ対象である知識の方に光を当て，教科の知識や概念を深く理解する学びのあり方を表現している。2017年 3

月に出された改訂小学校学習指導要領では，アクティブ・ラーニングの文言は
なくなり，「主体的・対話的で深い学び」が全面に打ち出された。

　以上のように，2010年代半ばには，汎用的資質・能力が教科固有の「見方・
考え方」を含む資質・能力へ，そしてアクティブ・ラーニングが「主体的・対
話的で深い学び」へと修正された。この修正をもって，2017年改訂学習指導要
領における教育改革の方向性は，各教科固有の資質・能力（高次の学力）を育
む点にあることが明確になった。

（2）「学習の基盤となる資質・能力」とカリキュラム・マネジメント

　それでは，2017年改訂学習指導要領は，言語に関する提案を行っていないの
かというと，そういうことではない。同要領は，言語活動に加えて言語能力と
いうキーワードを登場させ，教育課程全体で言語能力を育成すると同時に言語
活動を充実させることを求めている。

　すなわち，同要領いわく，学校で育成する資質・能力の中には，必ずしも各
教科固有のものではない「学習の基盤となる資質・能力（言語能力，情報活用能
力，問題発見・解決能力等）や現代的な諸課題に対して求められる資質・能力」
がある。それを育成するためには，「教科横断的な学習を充実させる必要」が
あり，「学校全体として…学習の効果の最大化を図るカリキュラム・マネジメ
ントを確立」する必要があるということである（カリキュラム・マネジメントに
ついては，第13章参照）。

　「学習の基盤となる資質・能力」のうち，先頭に掲げられた言語能力に関し
ては，国語科において，発達の段階に応じて，語彙を確実に習得させること，
また「意見と根拠」や「具体と抽象」といった情報を正確に理解し適切に表現
する力などを育成することが提言されている。同時に，国語科をはじめとした
全教科において，学習の基盤としての言語活動（レポートの作成，立場や根拠を
明確にして議論することなど）を充実させることが提言されている。

　行論を先取りしていうと，この提案は，言語が果たす役割に関する議論を踏
まえた妥当な提案である。

3　思考と言語の関係——言語が果たす役割

（1）「形式か内容か」「技能か人間形成か」という二元論と言語用具説

　そこで次に，国語科教育学において蓄積されてきた，言語が果たす役割についての議論を紹介することで，2017年告示の学習指導要領が行った提案をよりよく理解していくことにする。

　国語科教育学の大家である田近洵一によると，明治以降，国語科に関わる教科目の目標は常に，実用的・技能的な側面と人間形成的な側面の二面から設定されてきた。すなわち，戦前においては，明治24（1891）年の「小学校教則大綱」において，実用的な言語技能の習得と「知徳の啓発」（教材内容による教化・思想教育）が併置させられた。戦後の経験主義教育期（経験主義教育については，第5章を参照）においては，戦前の思想教育としての国語科教育が批判され，言語教育としての国語教育がスタートした。ただし実際には，民主主義社会を担う人間の形成も強調され，それは教材内容を通して模索されたということである。

　現在でも，国語科の目標を語る際には，「形式か内容か」「技能か人間形成か」という対立軸がよく用いられる。たとえば，「接続詞の使い方や場面構成の仕方といった，教材の形式に関する指導ばかりでは，子どもや学級集団が育たない。主題を深く読み取らせたり登場人物に共感させたりするなど，教材内容を大切にしなければならない」といったように。

　しかし田近は，以上のように言語を形式と内容の両面から捉える目標論は，結局のところ，言語を思考内容が成立した後にそれを伝達する用具として捉えていると指摘する（田近，1975，43～48頁）。

（2）言語が果たす3つの役割

　田近が指摘するように，言語を思考内容を伝達する用具とみなす言語観は，すでに戦前に成立している。ただし，明示化されたのは戦後の経験主義教育期

第9章　言語能力を育む教育課程

である。経験主義教育期の国語科教育課程は，言語を「社会的通じ合い」（コミュニケーション）の用具とみなす，実用的で機能的な言語観を打ち出した。しかし，経験主義教育課程が実施され検討を受ける過程において，果たして言語の役割として「社会的通じ合い」を強調してよいのか，言語にはいかなる役割があるのかという議論が盛んになった。その議論は，岩淵悦太郎，大石初太郎他著『岩波講座　現代教育学6　言語と教育』（岩波書店，1961）において，緩やかな合意をみたといってよい。同書に収められた論考の中でも，国語学者の岩淵悦太郎による「国語教育の役割と目標」は，社会における言語の役割を的確に整理したものとして現在でもしばしば参照される。

　岩淵は，思考内容に関わって言語が果たす役割を次の3つに整理した。第一に，伝達である（言語で伝える）。経験主義教育期の国語科教育課程が明示したように，言語には思考内容を伝達する役割がある。第二に，思考である（言語で考える）。言語は思考内容を伝達する役割があるが，そもそも言語を用いなければ思考内容を定めることも思考を進めることもできない。第三に，創造である（言語でつくる）。言語には，表現された思考内容を受容させ，さらに新しい思考内容をつくり出すという役割がある。

　これら3つの役割のうち，上述の「形式か内容か」「技能か人間形成か」という二元論から抜け落ちていたのは，思考という役割である。したがって同書が出されて以降，思考という言語の役割が強調されるようになった。

（3）言語活動，言語能力，言語技能

　ここで，言語活動，言語能力，言語技能という言葉の使い分けに注意を促しておきたい。

　言語活動という言葉は，「読む」「書く」「話す・聞く」といった外面的な活動（たとえば，話し合うという活動）を指している。したがって，言語の果たす3つの役割のうち伝達と結びつきやすいが，必ずというわけではない。

　それに対して言語能力という言葉は，内面において行われる言語活動（たとえば，話し手の主張を受容するという活動）によって育成される認識能力・思考力

を指す場合が多く，したがって言語の果たす3つの役割のうち思考と密接に結びつく。

そして言語技能という言葉は，言語活動に埋め込まれた実用的な技能（たとえば，メモを取るという技能）を指す場合もあれば，思考の技能的側面（たとえば，話し手は確かな根拠に基づいて主張しているかを吟味するという技能）を指す場合もある。後者である思考の技能的側面は，それを指導することによって思考を指導しようという動機によって，研究や指導の対象となる。

2017年改訂学習指導要領は，それまでキーワードであった言語活動に加えて言語能力というキーワードを出し，言語能力の育成を掲げた。つまり同要領は，思考という言語の役割を重視し，内面の言語活動を通して育まれる認識能力の育成を目指しているのである。また，「意見と根拠」や「具体と抽象」といった技能があげられていることからも，国語科においては思考の技能的側面を指導するという方針であることは明白である。

4 経験と言語の関係——言語が果たせない役割

（1）言語能力と言語技能

ここまで述べてきたように，言語には思考を支える役割があり，言語技能の指導を通して思考指導を行うという考え方が成り立つ。国語科教育学においては，これまですでに，思考の技能的側面を特定する努力が進められてきた。筆者は以前，「読む」という思考のレベルとその内実を提案したことがあるが，それを修正して次頁に示す。

太字で示したそれぞれの思考は，さらに具体的な言語技能に分節化することができる。たとえば，ある事柄について論述した文章を「評価する」，つまり筆者による論述の筋道が正しいか否かについて評価するという思考は，「結論は前提から正しく導かれているかについて判断する」「省略されている隠された前提や仮設はないかについて判断する」「比喩や例は適切に使われているかについて判断する」といったいくつかの技能に分節化することができる。そし

第9章 言語能力を育む教育課程

> **評価・創造のレベル**
> 論証する，仮説検証する，評価する，批判する，判断・意思決定する，視角をもつ，分析する，総合する
>
> **解釈のレベル**
> 関係づける，構造化する，比較する，分類する，類推する，具体化する，抽象化する，機能的に推論する，演繹的に推論する
>
> **取り出しのレベル**
> 暗記する，再生する，情報を取り出す

出典：八田（2017b）113頁より抜粋・一部修正。

て，ここまで分節化すれば，その一つひとつを言語で伝達することができる。

（2）「言語主義」批判

　しかしながら，言語技能の指導を通して思考指導を行うという考え方は「言語主義」という批判を受けてきた。国語科において，言語技能の指導を通した思考指導を早くから構想した人物としては，井上尚美があげられる。井上は，研究活動を始めた1960年代当初から批判的思考の指導に問題意識をもっており，1980年代には批判的思考を支える言語技能（井上自身や次の宇佐美寛は思考スキルと呼んでいるため，本項に限って思考スキルと表記）の特定に注力した。筆者が先にあげた，「評価する」という思考を支える思考スキルは，井上が特定したものである（井上，1989，211〜232頁）。

　しかし，思考スキルの指導を通した思考指導という考え方に対して，井上と同じく思考指導研究を牽引してきた宇佐美寛は，次のように批判した。すなわち，スキルは複雑な思考の過程そのものではなく，思考した結果を一定の視点から抽象して名付けたものである。名付け（言語化）より先に実践（経験）がある。批判的思考ができる人は，「省略されている隠された前提や仮説はないかについて判断する」という批判的思考スキルを自身に命令した後に実践しているわけではなく，具体的な文脈においてある命題に出会ったときに，自然と隠された前提や仮説を探す傾向性を備えていると捉えるべきである。ゆえに，批

判的に思考するという経験と結びつかないかたちで言語化された批判的思考スキルを教授されたとしても，実際に批判的に思考できるわけではない。

　宇佐美によれば，思考という複雑な経験の過程をすべて言語化することは不可能であり，したがって言語化された思考スキルを伝達することで思考という経験を引き起こすこと（言語で経験を代用すること）は原理的に不可能なのである。それにもかかわらず，それが可能だとみなす考え方を宇佐美は「言語主義」と呼んで批判した（宇佐美，1973，121〜138頁）。

　これに対して井上は，宇佐美による「言語主義」批判を十分に受け入れて，具体的状況において実際に思考する経験を豊富にもたせることを前提にしつつも，経験するだけで上達するわけではないため，言語化に対する子どもたちのモチベーションが高まった時点でスキル指導もすべきだと反論した（井上，1998，28〜38頁）。

（3）「概念くだき」

　もう一つ，「言語主義」批判と問題意識を共有する「概念くだき」という考え方を紹介しよう。「概念くだき」とは，戦前の東北地方の生活綴方教師たちが，生活経験に裏打ちされない形式だけ整った綴方（作文）を問題視し，書き直させる指導の過程で生み出した言葉である。問題視された綴方は，たとえば「遠足」の綴方なら，「朝起きて天気の心配」をして，「でかけました」で，目的地について，「うまくてたまりませんでした」という昼飯を食べて，夕方は「つかれた足をひきずって家に帰りました」で，「風呂にはいってぐっすり寝ました」に終わるような綴方である（下記文献，23頁より一部修正・引用）。

　戦前の綴方教師たちの間で共有された「概念くだき」は，戦後，国分一太郎『新しい綴方教室』（日本評論社，1951）を通して，生活綴方教師以外にも広まった。広まる過程において，作文指導を超えて指導一般についても用いられるようになった。

　「概念くだき」は，子どもたちの「概念的」な思考を砕くという意味である。「概念的」とは，たとえば，「江戸幕府が行ったことは何か」という問いの答え

第9章　言語能力を育む教育課程

として，「武士を中心とする社会のしくみを固めた」と言葉としていうことが
できても，「武士を中心とする社会のしくみ」において実際に起こるだろうこ
と（たとえば，「もし商人が武士の借金依頼を断ったら……」「もし農民が仕事を嫌がり
他の仕事につきたくなったら……」「町人の力が強くなったというが，もし武士が無礼
うちで町人を切って借金を返さないようにしたら……」等）についてあまり予測でき
ないという状態である（この事例は，宇佐美，1968，53〜88頁より一部修正・引用）。
それに対して「武士を中心とする社会のしくみ」を「概念的」ではなく理解し
ているとは，「もし私が農民だとして，農業をやめようとしたらこのようなこ
とが起こり…結果としてこのような事態になり…このような気持ちになるだろ
う」と，次々と途切れなく具体的に思考し，酷い身分差別を骨身に染みて実感
している状態である。そして具体的な思考や骨身に染みた実感には，それを支
える直接経験がある。

　つまり，概念の理解は，言語を超えて最終的には経験に依拠するのであり，
具体的な思考にほかならないのである。それにもかかわらず，一部の子どもた
ちの中には，教科書や教師の言葉通りに既成の概念を受け取る傾向がある。
「概念的」とは，このような子どもの思考傾向を批判する言葉である。

　1950〜70年代の高度経済成長期，加熱する学歴獲得競争によって暗記一辺倒
の学びが蔓延していく状況で，子どもの「概念的」思考を問題視する教師たち
は，自分の目でものを見て自分の頭で考える態度，つまり「見方・考え方」を
確立させる指導に取り組んでいった。「概念くだき」とは，そういった指導を
指す言葉である。

　「言語主義」批判と「概念くだき」を踏まえると，言語は思考した経験を抽
象化することはできるが，思考するという経験にとって代わることはできない
という重要な原則を掴むことができる。

5　教育課程全体で言語能力を育てる

（1）豊かに思考する経験を創造する

　さて，2017年改訂学習指導要領は，各教科において教科固有の「見方・考え方」を育成するとともに，国語科において言語能力の確実な指導を，そしてすべての教科において「言語活動の充実」を提案した。これはつまり，国語科も含めたあらゆる教科の学習で豊かに思考するという経験をもたせつつ，国語科においてその思考経験にあらためて言語を与え技能化するということである。前節で掴んだ原則に照らすと，この提案は妥当であるといえるだろう。

　したがって，教育課程全体で言語能力を育成しようとする際には，言語を用いることで言語能力を育成するという拙速な行き方ではなく，教科書や教師の言葉に頼った子どもの「概念的」な思考を砕き，子ども自身が豊かに思考する授業をつくることが重要である。そのために，まずは日常の授業過程を，子どもが自分の目で見て自分の頭で考えられているかという視点（教師だけでなく子どもにも問いを出す権利があるか，教師が発問した後にどれくらいの時間をかけて考えることができるか，ノートに正解ではなく自分の考えを書くことができるか，教科書の言葉や教師の言葉ではなく子どもたちの言葉で授業が進むか，子どもの経験を引き出す具体的な教材があるか…等々）から検討することを薦める。

　こうして，日常の何気ない授業過程を少しずつ変化させつつ，記録文や報告文を書く，概念マップをつくる，文章を読み比べる，異なる立場でディベートするといった言語活動を，子どもが自分の目で見て自分の頭で考えることをよりよく促すという目的のもとに導入していくことが重要である。

（2）言語技能を習得・実行する機会を長期的に確保する

　井上が主張するように，思考を育成するためには思考するという経験が必須であるが，経験を積むだけで思考が上達するわけではない。そこで，国語科については，豊かに思考するという経験を積ませるとともに，これまでの具体的

第9章　言語能力を育む教育課程

な思考経験を振り返り，言語化・技能化して習得する機会を確保することも必要である。

　すでに現行の国語科教科書においても，教材に即して，「まとめを支える具体例を見つける」（具体化と抽象化），「根拠を持って主張する」（論証の基礎的段階）といった言語技能が明示されている。特定の教材を読んだ経験のみならず，他教科における思考経験を振り返り，学級で共有しながら，経験を言語化・技能化していくことが重要である。また逆に，そうやって獲得した言語技能は，各教科の学習において積極的に繰り返し使っていくことが求められる。これらのことを通して，最終的に言語技能はその学級の学習用語となり，その学級の学びの文化を支えるようになることが望ましい。

　なお，国語科固有の「見方・考え方」の内実をいかに考えるかという点は，今後の国語科教育・教育方法学に課せられた課題である。

引用・参考文献

石井英真（2015）『今求められる学力と学びとは──コンピテンシー・ベースのカリキュラムの光と影』日本標準。

井上尚美（1983）『国語の授業方法論』一光社。

井上尚美（1989）『言語論理教育入門　国語科における思考』明治図書出版。

井上尚美（1998）『思考力育成への方略』明治図書出版。

岩淵悦太郎・大石初太郎他（1961）『岩波講座　現代教育学6　言語と教育』岩波書店。

宇佐美寛（1968）『思考・記号・意味──教育研究における思考』誠信書房。

宇佐美寛（1973）『思考指導の論理』明治図書出版。

勝田守一（1968）『教育と認識』国土社。

国分一太郎（1951）『新しい綴方教室』日本評論社。

田近洵一（1975）『言語行動主体の形成　国語教育への視座』新光閣書店。

日本教育方法学会（2007）『リテラシーと授業改善──PISA を契機とした現代リテラシー教育の探究』図書文化社。

日本教育方法学会（2009）『言語の力を育てる教育方法』図書文化社。

八田幸恵（2017a）「『深い学び』とは何か──『高い』『深い』『広い』」田中耕治・石井英真・八田幸恵・本所恵・西岡加名恵編著『教育をよみとく──教育学的探究のすすめ』有斐閣。

八田幸恵（2017b）「読みの学力を構造化する（3）読みの学力モデル試案を提案する」『教育科学国語教育』2017年8月号。

文部科学省（2005）『読解力向上に関する指導資料　PISA 調査（読解力）の結果分析と改善の方向』東洋館出版社。

―（学習の課題）―

(1) 2017年改訂学習指導要領における言語に関する提言を，筆者は妥当であると評価した。それに対して，あなた自身はどう考えるか，論じなさい。

(2) 「概念的」な思考と「概念的」ではない思考の例を考え，詳しく書きなさい。どの学年・教科・領域を選んでも構わない。

【さらに学びたい人のための図書】

秋田喜代美・石井順二編著（2005）『ことばの教育と学力』明石書店。
　　　⇨論理的な言葉ではなく身体感覚と感情に裏打ちされた言葉を育てる教育実践と実践研究のあり方を提案している。

小柳正司（2010）『リテラシーの地平――読み書き能力の教育哲学』大学教育出版。
　　　⇨1980年代以降のリテラシーをめぐる理論動向を整理し，リテラシー論の多様な広がりを描いている。

井上尚美・大内善一・中村敦雄・山室和也編著（2012）『論理的思考を鍛える国語科授業方略』（小学校編・中学校編）渓水社。
　　　⇨「論理的思考」「批判的思考」に焦点を当て，それらを育てる国語科授業づくりのあり方について提案している。

（八田幸恵）

第10章

教育評価とは何か
——学力評価を中心に

この章で学ぶこと

　学校教育のなかで評価はどのような役割を果たしているのだろうか。本章では，教育評価の役割について理解を深めることを目指したい。

　評価といえば，テストによって子どもの学習の到達度を判定するということがイメージされるかもしれない。けれども，教育評価論においては，いわゆる「成績づけ」に限定されない重要な役割が評価に見出されてきた。

　そこでまず，教育評価はいったい何のために行うものなのかについて，これまでに提起された考え方を紹介する。次に，実際の教育評価には様々に異なる立場があることを，歴史的な変遷を踏まえて検討する。その後，子どもの学力を評価するための具体的な方法の工夫について考える。

1 教育評価の目的

（1）学力調査への関心の高まり

　学校教育の中で評価といえば，テストや通知表を想起する人も多いだろう。子どもにとって評価とは，出されたテストの問題に答え，そのでき具合を判定されるものであり，教師にとっては，テストの点数などを詳細に記録したうえで通知表の成績をつけ，その結果の説明責任（アカウンタビリティ）を求められるものだという印象がつきまとっているかもしれない。

　実際，「評価の時代」の到来が叫ばれる今日，学校では「テストの時代」でもあるといいうるかのように，様々なテストが実施されている。

　テストに関連して，毎年のようにマスコミの注目を集めるものの一つに，2007（平成19）年から実施されている全国学力・学習状況調査がある。この学力調査では，年度ごとに，都道府県別の平均点が公開されるため，そのランキ

ング（順位）が話題となる傾向にある。

　しかしながら，学力調査をもとに子どもたちの学力実態を捉えるときには，①平均点のほかにも，②学力の格差（得点の高い子どもと低い子どもがどのように分散しているか），③学力の質や構造（どんな力を測ろうとしているか），④学習意欲の実態（テストの得点と学習への意欲の相関）に着目する必要のあることが指摘される（田中，2008）。とりわけ，学力の質や構造に焦点をあててみると，全国学力・学習状況調査では，いわゆる「習得」型と「活用」型のテスト問題が分けて出題されている。どんなテスト問題において，どんな解答があったのかを把握することにより，子どもの得意・不得意が浮き彫りとなり，その後の指導に生かす可能性も生まれてくるというわけだ。

（2）指導の改善

　学力の実態把握をその後の指導に生かすという回路は，教育評価論において重視されてきた発想である。点数によって子どもの実態を判定・選別して終わりにするのではなく，より望ましい方向へと教育実践を進めるための「指導の改善」の糸口とすることこそ，教育評価の要点とされるのだ。

　この発想は，すでに戦後初期の学習指導要領において提起されていたことを忘れてはならない。1947（昭和22）年，初めて文部省が出した「学習指導要領一般編（試案）」には，「考査」という言葉を用いて，現在でいう教育評価の意義が次のように謳われている。

　　　教材が果たして適当であったかどうか，また教師の環境のととのえ方や，活動の呼び起こし方，すなわち指導法が適切であったかどうかを反省することができるし，また，一人一人の児童や青年の学習結果を知って，これからの指導の出発点をはっきりさせたり，その指導計画を考えたりするいとぐちを見つけ出すこともでき，これ［考査：引用者注］あって，はじめて指導の効果を，よりいっそう，あげることができるのである。ここに，学習結果を考査する一つの大きい意味があるのである。

ここでの記述からは，「子ども」を「判定」するというよりも，「教師による指導」を「反省・改善」することこそ，学校教育の場で求められる評価の目的とされていることが浮かび上がってくる。

　戦後初期の学習指導要領が，こうした評価観を提起した背景には，それ以前に盛んに行われていた「教育測定」運動との違いが関係している。教育測定運動は，統計的手法を用いて，「いつ誰が実施しても同じ結果が出る」という意味での客観性・信頼性を追究するテスト法の開発に力を注いでいた。だが，そもそも何のために何を測定すべきなのか。測定の目的や測定対象の妥当性を問うなかで生まれたのが教育評価という概念である。

　教育評価の発想の源は，アメリカの教育学者タイラー（Tyler, R. W.）の主張に見出せるという（田中，2008）。タイラーは，測定（measurement）に代わる評価（evaluation）という言葉を用いたことで知られている。

　「タイラー原理」とも呼ばれる彼の考え方は，次の4つの問いを関連づけるものである。①学校はどのような教育目的を達成するように努めるべきか（目標の選択），②どのような教育的経験を用意すれば，これらの目的は達成できるか（学習経験の選択），③これらの教育的経験は，どのようにすれば効果的に組織できるか（学習経験の組織），④これらの目的が達成されているかどうか，どのように評価できるか（結果の評価）。

　以上の4つの視点を関連づけることにより，価値的な判断規準としての教育目標（教育を通してどんな子どもを育てたいか）を念頭に，テスト等によってその目標への達成度を捉え，目標実現をめざして授業や教育課程を改善していくという回路の重要性を，タイラーの教育評価概念は訴えた。テストの客観性を高めるためだけにテストをするのではないというわけである。

　日本でも，戦後初期に，教育学者の正木正が，評価において「教育的価値，目標」を問わないと「人間疎外」に陥ることを指摘していた点は注目すべきである（正木，1952，252頁）。

（3）自己評価能力の育成

　教師にとって，教育評価は「指導の改善」につながるという意義が浮き彫り
となった。では，子どもにとっては，どんな意義があるだろうか。先に引用し
た1947年版学習指導要領の続きには次のような興味深い記述がある。

　　　児童や青年の側にたってみると，このような学習の進行の現状を知るこ
　　とは，自分の学習が，その目ざすところにどれだけ近づいているかを，
　　はっきり，とり出してみる機会となり，これによって，かれらもまた，こ
　　れからの学習を如何にすべきかを考えるいとぐちをつかむことができ，学
　　習の効果をあげて行く上に，たいせつなものを得ることができるのである。

　評価によって，自分自身の学習の進み方を捉え，その後の学習のあり方を調
整することの意義を指摘したこの部分からは，子どもの自己評価能力の重要性
が浮かび上がってくる。
　自己評価能力は「メタ認知」という言葉とも関連する。「メタ」とは，「～を
超えた」「高次の～」などの意味をもつ接頭語であり，「メタ認知」とは，自分
の考えや認識をいったん超えた高い位置にいる，いわば「もう一人の自分」が
それらを対象化して捉えなおし，調整・修正につなげていくことを意味する。
学習主体としての子ども自身によるモニタリングやコントロールに光があてら
れるのである。
　教育評価という概念は，子どもにとって，自分自身の学習を振り返り，見つ
めなおす機会となることを通して，自己評価能力を育成することの必要性を示
唆している。

　　2　　教育評価の立場の違い

（1）相対評価の採用

　戦後初期に基本的な考え方が示された後，教育評価という概念はどのように

第10章　教育評価とは何か——学力評価を中心に

展開してきたのだろうか。本節では，指導要録の変遷をもとに，教育評価の立場の違いについて検討してみたい。

　指導要録とは，児童・生徒の学籍および指導に関する記録を載せた文書である。学校教育法施行規則第24条において作成と保管が定められている。1950（昭和25）年に指導要録という名称が使われるようになるまでは，学籍簿とも呼ばれていた。指導要録の記載事項の中でも，とくに各教科の指導の記録をどう示すのかをめぐって，教育評価の立場の相違が鮮明となる。

　たとえば，1948（昭和23）年，戦後初めて学籍簿の記載に関する趣旨説明が文部省（当時）によってなされたとき，評価はできるだけ客観的であるべきことが重視された。そのための具体的な方法として「学習の記録」欄では5段階の相対評価を用いることが示された。

　相対評価とは，集団に準拠した評価，すなわち，ある特定の集団内での子どもの得点の相対的な位置を明らかにするものである。これは，戦前に行われていた成績づけ（当時の言葉では「考査」）が教師の主観に左右されやすいものであったことへの反省から，できるだけ客観的な評価となることを追究して採用されたと考えられている。

　相対評価に対して，戦前の「考査」の特徴は絶対評価という言葉で示される。それは教師の価値観を絶対的な規準とする主観的なものであったことが教育評価論では問題視されてきた。たとえば，評語（優・良・可や甲・乙・丙など）によって成績を出す場合，優か良かの判断は，教師の考え方を絶対的な寄りどころとした。それぞれの教師の恣意的な（思うがままの，好みや思いつきによる）判定に子どもを服従させることになったといわれる。

　もちろん，学制発布（1872年）以降の日本の学校教育制度すべてがここでいう絶対評価のみに支配されてきたわけではない。だが，戦時下の教育への強い反省から，民主主義を重視する新教育が展開された戦後初期において，相対評価は，戦前の教師の独断から解放された客観的な根拠を有するものとして注目されたのである。

　相対評価では，集団の中での位置を示すときに，正規分布曲線（ノーマル・

143

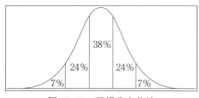
図 10-1　正規分布曲線
出典：奥村（2017）133頁。

カーブや蓋然曲線とも呼ばれる）が用いられる（図10-1）。5段階に分けて成績づけをする場合，40人の学級ならば，得点の高い順に上位7パーセントの子ども（2〜3人）のみが「5」をもらうことができ，反対に下位7パーセントの子どもは必ず「1」と判定されてしまう。

こうした人数配分の既定は，教育目標の実現に向けて指導の改善を行うことの重要性を謳ったはずの教育評価概念と矛盾するのではないか。つまり，このやり方は教育測定の発想に基づくものであり，価値判断を行う教育評価にはなじまないのではないかという点は，実は早い時期から指摘されていた。

（2）相対評価の問題点と個人内評価との結合

相対評価の具体的な問題点としては，次のような点が指摘される。①いくら教師が指導しても，必ず「1」をつけなければならないため，成績の低い子どもがいることを前提とする宿命論的な評価論となっている，②あらかじめ人数配分が決められており，自分が成績を上げるためには誰かの成績が下がらなければならないため，学級での学習が他者との競争の場になってしまう，③「1」「2」など数字そのものは学習内容を示さないため，具体的な到達度が見えず，何をどう改善すればよいか考えにくい，などの問題点である。

興味深いことに，戦後最初の学籍簿では，こうした問題点をもつ相対評価のほかに，「学習指導上とくに必要と思われる事項」欄と「全体についての指導の経過」欄において，記述型の個人内評価も採用されていた。

個人内評価とは，一人ひとりの子どもを規準として，その子どもを全体的に，継続的に，捉えようとするものだ。仮に他者との比較による相対評価で成績が上がらなかったとしても，個人の中では以前と比べるとこれだけの伸びがあったということを継続的な視点で教師は把握していたり（縦断的個人内評価），国語の文章記述は苦手だが算数や理科は得意であるといった，その子どもならで

第10章　教育評価とは何か──学力評価を中心に

はの全体的な特徴を捉えていたりする（横断的個人内評価）。

　こうした個人内評価を記述型で行い，相対評価と併存させる構造が，戦後の日本の指導要録において長く続くことになった。この構造は，相対評価の数字においては決して報われない子どもの努力を何とか個人内評価の記述によって「救済」しようとする教師の「温情」であったとも指摘される。

　選抜型の学歴競争社会では，希少な学歴・地位を獲得するための競争へと人々の心を「加熱」させる一方で，競争に負けた場合の不満や反逆を防ぐための「冷却」機能も作動させねばならないという構造が指摘されている（竹内，1995）。その構造と，指導要録における「相対評価と個人内評価の結合」とは，まさに共通するものがあった（田中，2008，43頁）。

（3）到達度評価の実践

　相対評価を採用しつづける限り，教育評価概念が求めてきた指導の改善による教育目標の実現は難しいのではないか。こうした問いのもとに，新たな評価の立場として，到達度評価の運動が生まれた。

　到達度評価という言葉は，1975（昭和50）年2月に京都府教育委員会が出した「研究討議のための資料：到達度評価への改善を進めるために」の中で初めて用いられたといわれている。そこでは，「到達度評価は，すべての子どもの学力を，それぞれの学年，教科の目標に到達させることを基本とする教育指導における評価」（5頁）であると記述されている。

　時代はちょうど，「教育内容の現代化」（1960年代）によって生じた「落ちこぼれ」問題に困惑していた。その克服を目指して，行政や教師，研究者，さらに保護者が関わって進められた到達度評価の運動では，「すべての子どもに確かな学力を」というスローガンが打ち出された。

　到達度評価によれば，子どもが学習内容を理解できずに「落ちこぼれ」ている状況は，学校教育という制度の側に責任があるのであって，むしろ「落ちこぼし」と呼ぶべきである。教師の側が指導のあり方を改善することによって目標に到達させる「学力保障」の考え方こそ大切であり，わからなければわかる

145

ように教えてもらう権利を，すべての子どもがもっているというのである。

このように目標への到達を目指すからには，そもそもどんな目標を設定するのかを丁寧に考える必要がある。教育学者の中内敏夫は，到達度評価を進めていく際，教育目標を到達目標と方向目標に分けて整理した。

到達目標とは，「江戸時代の産業構造がわかる」などのように，学習によって獲得・到達させたい内容をできるだけ具体的に示すものである。一方の方向目標とは，「積極的に課題に取り組む態度を養う」などのように，到達点が不明確で方向性のみを示す目標だ。関心・意欲・態度などの情意領域に関わる目標は，方向目標となることが多い。

中内敏夫によれば，授業を通して子どもに分かち伝えることが可能なものを到達目標として明確に設定し，それをもとに到達度評価の実践を進めていくべきだとされる。では，方向目標の評価はどうするのか。それは相対評価に基づくものとして当初，位置づけられていた。

指導要録の様式は後に何度か改訂されていくものの，基本的には相対評価が採用されつづけた制度のもとで，到達度評価の実践は，いわば社会運動として，京都府など一部の地域で協同してつくりだされていった。

そのなかで批判も生まれた。たとえば，到達目標に到達させることが強調されるあまり，あらかじめ設定した一つひとつの細かな目標への到達度をひたすら点検していく「目標つぶし」となり，学習の場における子どもの多様な考え方や意見を軽視しているのではないか。また，目標に到達したかどうかという結果のみが注目され，学習のプロセスの豊かさに光をあてていないのではないか。さらには，子どもの外側から教師が判断する「外的な評価」にとどまっており，子ども自身による「内的な評価」を通して自己評価能力を育成することに結びついていないのではないか，という点などが指摘された。

（4）「目標に準拠した評価」の登場

こうした問題点を克服する道筋を本格的に追究する一つのきっかけともなったのが，2001（平成13）年の指導要録の改訂に関する通知である。文部科学省

第10章　教育評価とは何か——学力評価を中心に

によるこの通知によって，指導要録の様式から相対評価が姿を消し，全面的に「目標に準拠した評価」が採用されることとなった。読者のみなさんの中には，小学校に入学した当初から，すでに「目標に準拠した評価」が用いられていたため，相対評価を経験していないという人もいることだろう。

現在，「目標に準拠した評価」の考え方は，各教科の「評定」欄と「観点別学習状況」欄の両方において用いられている。「評定」欄は，その教科の総合評定として，目標への到達度を５段階あるいは３段階で示す場合が多い。「観点別学習状況」欄は，各教科において設定されている観点（たとえば「関心・意欲・態度」「思考・判断・表現」「技能」「知識・理解」等）ごとに，到達度を記載する。ということは，到達度評価論において当初は「方向目標＝相対評価」として位置づけられた「関心・意欲・態度」などの情意領域も，すべて目標にもとづいて評価するわけだ。

集団の中での相対的な位置に寄らず目標への到達度を判断するとき，何に根拠すればよいのか。「目標に準拠した評価」の全面採用以来，「あの先生の評価は甘いのに，厳しい先生もいて不公平だ」という声も生じている。教師の主観に左右されない「目標に準拠した評価」の客観性を求めて，教育実践の場では，根拠を記録しておくための膨大な作業に追われる傾向も指摘される。

3 「目標に準拠した評価」の充実に向けた動き

（1）到達状況の質を捉える

「目標に準拠した評価」を充実させていくためには，いったい何が必要か。まず，到達度評価が「目標つぶし」に陥ったといわれた点に鑑みると，到達したか否かのみでなく，学習の到達状況の質や特徴を捉える視点が求められる。

日本では最近，目標に基づいて設定する「評価規準」（何を評価するのか）に対して，子どもの到達状況の質の違いをレベル分けしたものを「評価基準」（どの程度の水準に達しているか）と呼んで区別する場合がある。後者すなわち評価基準は，たとえば，「できた・できない」の二分法のほか，「関心・意欲・態

147

度」等の評価を「Aよくできる」「Bできる」「Cがんばろう」の三段階で行う
場合をあげることができる。

　この点に関して，日本の「目標に準拠した評価」の発想に近い，欧米の「規
準（クライテリオン）準拠評価」論では，基準に関して，ドメイン準拠とスタン
ダード準拠という二種類の考え方のあることが指摘される。

　ドメイン準拠評価とは，学習内容の領域（domain）を明示した目標，すなわ
ち「○○ができる」等について，「できた・できない」を二分法的に判断する
ものだ。日本の到達度評価はこの発想に近いといわれる。

　それに対し，スタンダード準拠評価は，目標への到達状況の質の違いを捉え
ようとするものとして注目されている（石井，2011）。スタンダード（standards）
とは「達成水準」という意味である。「できた・できない」という二者択一的
な視点では捉えにくい情意領域（関心・意欲・態度）や思考力・判断力・表現力
等の評価に用いられることが多い。たとえば，レベル5（十分な到達状況）と判
断できる作品はどんな特徴をもつのか，それはレベル4の場合とどう違うのか
などについて，文章記述型で質的な相違を示すことが重視される。レベル分け
された評価指標はルーブリックと呼ばれることもある。

　こうした基準づくりについては，実際に，学習の到達状況の質や多様性を捉
え，指導の改善に資するものとなるかどうかが注目されている。

（2）形成的評価

　次に「目標に準拠した評価」の充実に向けた動きとして考えてみたいのは，
形成的評価論の展開である。形成的評価という言葉は，完全習得学習（マスタ
リー・ラーニング）を提唱したアメリカの教育学者ブルーム（Bloom, B. S.）が用
いたことで知られている。目標の実現に向けた「指導の改善」として教育評価
を機能させるためには，単元の終了時の評価（総括的評価）のみでなく，単元
の開始時に，学力の実態や子どもの生活経験を明らかにする「診断的評価」を
行って授業の計画に活かすとともに，単元や授業の展開プロセスの中でも，子
どもの状態を把握する「形成的評価」を実施し，必要に応じて軌道修正をした

148

り回復指導を行ったりする必要性を唱えるものとして理解されてきた。「形成的」という言葉は，ブルームの用いた英語 formative の訳である。

ブルーム自身が形成的評価の具体的な方法としてテストの実施を提唱したこともあり，到達度評価の実践の中では小テストを頻繁に繰り返す状況も生まれたといわれる。その際，形成的評価としての小テストの結果は最終的な成績づけには使用すべきでないという点なども話し合われてきた。

ただし，形成的評価を担うのは決して小テストだけではない。日本の教師たちは，「見取り」と呼ばれる観察や子ども理解，発言や挙手の状況，机間指導，学習ノートへのコメントなどを行い，形成的評価の大切な契機としてきた点に注目すべきである。

最近では，形成的評価に関して，教師の判断やコメントを子どもに返すフィードバックが実際のところ子どもたちにどのように届いているのかという点も注目されている。教師だけが実態把握をしていても，教師からのフィードバックの意味内容を学習主体である子ども自身が理解して次の行動につなぐことができなければ，目標の実現は困難になるというわけである（二宮，2015）。この点に関する実践については第11章も参考になる。

4 指導要録のもとでの学力評価の工夫

（1）学力評価計画

現在の指導要録のもと，実際に子どもたちの学力を評価するにあたっては，各学校において，「評価規準（基準）や評価方法を明確にする学力評価計画」を立てることの必要性も指摘される（西岡，2016，159頁）。

学力評価計画においては，まず，現在の指導要録において示されている各教科の観点を念頭に，それらに対応する評価方法を検討する。次に，当該教科の単元の特徴と照らし合わせて，各単元で重視する評価方法を具体的に考える。

こうした計画の流れを想定する西岡加名恵は，図10-2のように学力評価計画のイメージを提示している。評価基準も合わせて示すことにより，子どもの

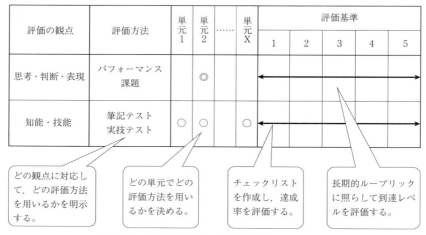

図10-2　西岡の提案する学力評価計画のイメージ
出典：西岡（2016）163頁。

成長が捉えやすくなるという。なお，ここでいう評価基準には，①チェックリスト型（先述のドメイン準拠評価に関連するもの），②長期的ルーブリック（スタンダード準拠評価の中でも，単元や学年を越えた長期間の子どもの成長を描きだすようなもの）の両方が想定されている。

　学年あるいは教科ごとの担当者で協議し，学力評価計画を見取り図のかたちで整理する。これにより，評価作業の煩雑化を克服し，評価の妥当性（把握したいものを本当に捉えているか）や信頼性（どの教師が行っても同じ結果になる正確さをもっているか）を高めることができるかどうかが問われている。

（2）「分析と総合」「認知と情意」の関係

　観点ごとに学力評価計画を立てて評価を進めていくとして，それらは各教科の総合評定の算出とどのように関係するのだろうか。たとえば，四観点「関心・意欲・態度」「思考・判断・表現」「技能」「知識・理解」の順に，A（よくできる），B（できる），C（がんばろう）を判断してみた結果，BAAA，BCCBなど，組合せは様々に予想される。これらと，各教科の総合評定5・4・

第10章　教育評価とは何か——学力評価を中心に

3・2・1との関係をどう考えるべきか。ある観点でCという判断があるのに，総合評定で到達水準の高い5という判断はありうるのかなど，学力の要素を分析した場合と，総合した場合の関係が問題になる。

　また，そもそも学力の要素として，情意領域（関心・意欲・態度）と認知領域（知識・理解）の関係も話題となることがある。「知識・理解」「技能」がCなのに「関心・意欲・態度」はAであるという組合せは考えられないという意見も出されたりする。それに対して，みなさん自身はどう考えるか。一人ひとりがどのような学力モデル（学力の質や構造に関するイメージ）をもっているかにもかかわる問題である（詳しくは第7章を参照）。指導要録の形式そのものも含めて考えるべき点は多い。

　5 　学力評価をめぐる論点

（1）目標にとらわれないということ

　「目標に準拠した評価」で子どもたちの学力評価を行うことに対しては，異なる角度からの課題も指摘されている。たとえば，「目標にとらわれない評価」を提起したスクリヴァン（Scriven, M.）によれば，あらかじめ設定した目標の範囲内のみで評価していると，次第にその目標にばかりとらわれて，目標からはみ出す活動を見過ごしてしまう。そこで，評価者には，実践者の教師（当事者）とは異なる独自の視点を与える必要性などが指摘される。

　また，「教育鑑識眼」という言葉を提起したアイスナー（Eisner, E. W.）によれば，目標と評価を一体化させて完全習得を目指す考え方は，規格適合商品の生産に追われる工場モデルになりかねない。美術教育に関わったアイスナーが訴えたかったことは，子どもの側から立ち現れてくる多様な創造性を丁寧に見取ることではないか。それは，目標から評価に至るプロセスを厳密に計画するというよりも，むしろ，これまでの美術界など学問の世界で蓄積されてきた考え方や手法を基軸にもちつつ，子どもとのやり取りの中で臨機応変に子どもの作品の質をみる眼を教師の側が洗練させることの重要性を示している。

151

（2）子ども理解と教科内容の結節点

　さらに，保育の場で展開されている「エピソード記述」も興味深い（鯨岡，2016）。「エピソード記述」では，日々の生活において生じる〈出来事〉とともに，その〈背景〉〈考察〉を丁寧に記述し，保育士同士が交流する中で，目に見える表面的な行動の背景にある「子どもの内面」（思い）を想像し，理解していくことが志向される。もちろん，保育と学校教育との間には違いもある。だが，筆者には，子どもと関わることの奥深さ，子どもを人間としてみること（佐伯他，2013）の共通性を示唆しているように思われる。

　学校教育における評価は，目標とする教科内容との関係を軽視するわけにはいかない。教師は，日頃から子どもの見取りをもとに，授業において目標とする教科内容への接近を目指して，グループ編成や発言の機会設定なども工夫している（井上他，2016）。そうした日常の積み重ねの重要性を学校現場は示唆している。

　日常の生活世界に，指導要録をはじめとする教育評価の制度や理論が与える影響は少なくない。その史的展開に学ぶことは，明日を展望する一つの糸口となるはずだ。

引用・参考文献

石井英真（2011）『現代アメリカにおける学力形成論の展開』東信堂（2015，増補版）。

井上美鈴他（2016）「授業における子どもの学習の見取り」京都教育大学教育支援センター『教育実践研究紀要』第16号，147〜154頁。

奥村好美（2017）「教育評価の考え方と進め方」田中耕治編『教育方法と授業の計画』協同出版，131〜154頁。

鯨岡峻（2016）『関係の中で人は生きる』ミネルヴァ書房。

佐伯胖他（2013）『子どもを「人間としてみる」ということ』ミネルヴァ書房。

鈴木秀幸（2013）『スタンダード準拠評価』図書文化。

竹内洋（1995）『日本のメリトクラシー』東京大学出版会（2016，増補版）。

田中耕治（2008）『教育評価』岩波書店。

田中耕治（2017）『教育評価研究の「回顧と展望」』日本標準。

中内敏夫（1998）『「教室」をひらく』中内敏夫著作集第1巻，藤原書店。

西岡加名恵（2016）『教科と総合学習のカリキュラム設計』図書文化。

第10章　教育評価とは何か——学力評価を中心に

二宮衆一（2015）「教育評価の機能」西岡加名恵・石井英真・田中耕治編『新しい教育評価入門』有斐閣，51～75頁。

正木正（1952）「価値と評価」『岩波講座教育第3巻日本の教育』岩波書店。

渡辺貴裕（2007）「教師の主体性を重視する教育評価論」田中耕治編著『人物で綴る戦後教育評価の歴史』三学出版，41～57頁。

⎛ 学習の課題 ⎞

⑴　「テストがなければ楽しく学習できるのに……」「成績をつけなくてよければ子どもとの関わりや教材研究にもっと時間が使えるのに……」という意見に対して，教育評価の意義はどこに見出せるか，考えてみよう。

⑵　「目標に準拠した評価」をめぐっては，教師の主観に左右されるという意見も出されている。では，相対評価のように，集団のなかでの位置を示すことが客観的なのか。教育評価に求められる客観性とは何かを考えてみよう。

【さらに学びたい人のための図書】

田中耕治（2008）『教育評価』岩波書店。
　　⇨教育評価という言葉の登場から，その後の歴史的な変遷を踏まえて，「目標に準拠した評価」の今後を展望する。教育評価論の到達点が示されている。

西岡加名恵・石井英真・田中耕治編（2015）『新しい教育評価入門』有斐閣。
　　⇨「目標に準拠した評価」を進めていく際に求められる新しい評価の方法についても言及されている。

東洋（2001）『子どもの能力と教育評価［第2版］』東京大学出版会。
　　⇨「子どものすばらしい本質」に対する「期待と畏敬」をもつことの重要性を唱え，「人と人とのかかわり合い」としての評価の本質を鮮明にしている。

（樋口とみ子）

第11章　資質・能力の形成を支える評価

この章で学ぶこと

　これから求められる能力の形成とそれを支える評価のあり方を考えたとき，従来のテストには限界があることが指摘されている。「資質・能力」や「コンピテンシー」と呼ばれる新たな能力の形成に向けて，評価としてはどのような取組みが求められるか。本章では，これから求められる能力の形成を支える新しい評価の理論と方法とともに，その実践上の課題を確認したい。

1　「真正の評価」論への注目

（1）標準テスト依存からの脱却

　日本の学校教育では1990年代後半から，ある特定の文脈での人のパフォーマンス全体を直接的に評価する「パフォーマンス評価」や，学習過程で生み出される作品や記録を系統的に蓄積したポートフォリオを用いて評価を行う「ポートフォリオ評価」に取り組まれるようになっている。これらは，従来のペーパーテストに代わる新たな評価方法であるという点で「代替（オルタナティブ）評価」と呼ばれたり，現実世界で大人が直面するような課題に取り組ませる中で評価活動を行おうとするという点で「真正の（オーセンティック）評価」と呼ばれたりすることもある。

　たとえばアメリカでは，国民の学力低下を憂えた報告書『危機に立つ国家』が1983年に刊行されたのを契機に，各州に教育スタンダード（学校が共通に保障すべき目標内容や到達水準）の策定が求められるようになり，州や学区はそのスタンダードに基づいて教育成果の評価を行い，その結果に基づいてアカウンタ

第11章　資質・能力の形成を支える評価

ビリティ（説明責任）を示す動きが広がった。ただ，その評価のためのデータとして州や学区での統一テストの点数が用いられることが多かったため，学校のカリキュラムがそのテストの準備に偏重したものに歪められてしまうことが1980年代から問題視されていた。この批判の中で，ペーパーテストの代替となる教育評価のあり方が「真正の評価」という言葉とともに議論され，具体的な方法としてパフォーマンス評価やポートフォリオ評価に衆目が集まった。

（2）学習指導要領の改訂と学習評価の改革

　日本では，1998（平成10）年の学習指導要領改訂時に「総合的な学習の時間」が導入されたのを契機に，それまで各教科で支配的であったペーパーテスト主導の評価観を問い直す動きが強まる中で，「真正の評価」論が紹介されるようになり，ポートフォリオを用いた実践が生まれるようになった。

　また，2007（平成19）年に改定された学校教育法において，「生涯にわたり学習する基盤が培われるよう，基礎的な知識及び技能を習得させるとともに，これらを活用して課題を解決するために必要な思考力，判断力，表現力その他の能力をはぐくみ，主体的に学習に取り組む態度を養うことに，とくに意を用いなければならない」（第30条2項）という記述が盛り込まれたことで，①基礎的な知識・技能，②これらを活用して課題を解決するために必要な思考力・判断力・表現力等，③主体的に学習に取り組む態度の3つが学力の要素として共有されるようになり，それまでの指導要録の4観点（「関心・意欲・態度」「思考・判断」「技能・表現」「知識・理解」）との間に齟齬が出ていた。そこで，2010（平成22）年の指導要録改訂時に，評価の観点が「関心・意欲・態度」「思考・判断・表現」「技能」「知識・理解」に改められ，学校現場ではとくに思考力・判断力・表現力の評価をめぐる取り組みに衆目が集まった。より具体的には，知識・技能の活用の様相をどのようなパフォーマンス課題とルーブリックで評価するかという点が実践上の大きな課題となり，パフォーマンス評価に向けた取り組みも日本で活発なものとなった。

　さらに，2017（平成29）年告示の学習指導要領改訂の方向性を示した中央教

育審議会答申『幼稚園，小学校，中学校，高等学校及び特別支援学校の学習指導要領等の改善及び必要な方策等について』（2016年12月21日）では，観点別学習状況の評価の観点を「知識・技能」「思考力・判断力・表現力」「主体的に学習に取り組む態度」の３つに整理することが提案され，評価の方法については次のように謳われている。

　　　また，資質・能力のバランスのとれた学習評価を行っていくためには，指導と評価の一体化を図る中で，論述やレポートの作成，発表，グループでの話合い，作品の制作等といった多様な活動に取り組ませるパフォーマンス評価などを取り入れ，ペーパーテストの結果にとどまらない，多面的・多角的な評価を行っていくことが必要である。さらには，総括的な評価のみならず，一人一人の学びの多様性に応じて，学習の過程における形成的な評価を行い，子供たちの資質・能力がどのように伸びているかを，例えば，日々の記録やポートフォリオなどを通じて，子供たち自身が把握できるようにしていくことも考えられる。

改めて「真正の評価」に向けた取組みが求められていると見ていいだろう。

2 パフォーマンス評価

（1）パフォーマンス課題

　パフォーマンス評価では，高次の能力を可視化させ，直接的に評価できるようにするために，一まとまりのパフォーマンス課題が用いられる。プレゼンテーション，ディベート，演技，演奏といった実演を求めるものが代表的であるが，レポート，論文，ポスターといった作品の制作もパフォーマンス課題に含まれる。いずれも，特定の現実的な状況・文脈での問題解決の遂行を求めるものである。また，知識，技能，態度といった能力を構成する要素を切り出すことはせず，それらを特定の状況で結集し統制することを求めるものである。

　なお，パフォーマンス課題を用いず，自由記述式問題や発言・行動の観察等，選択回答式の客観テスト以外の評価方法を総称してパフォーマンス評価と呼ぶ

こともあるが，本章では，パフォーマンス課題を用いた評価方法に限定してパ
フォーマンス評価の語を用いる。また，パフォーマンス評価については，日本
でもすでに多数の実践事例がある（たとえば，田中，2011；西岡，2016b；西岡他，
2017）。さらにパフォーマンス課題設定の方法としては次のような手順が提案
されている（西岡，2016a，91頁）。

---

① 単元の中核に位置する重点目標に見当をつける。
② 「本質的な問い」を明確にする。
③ 「本質的な問い」に対応して身につけさせたい「永続的理解」を明文化する。
④ 「本質的な問い」を問わざるをえないような文脈を想定し，パフォーマンス課
題のシナリオを作る。

ここで「本質的な問い」とは，「知識やスキルを構造化することを促し，深
い理解を看破することを促すような問い」のことである（西岡，2016a，56頁）。
また，「本質的な問い」に対する解答例のようなかたちで「永続的理解」を明
文化することも求められているが，それは「大人になって知識やスキルの詳細
を忘れ去ったとしても，なお残っているべきであるような重要な『理解』」の
ことである（西岡，2016a，47頁）。

思考力・判断力・表現力といった高次の能力の育成に向けては，単に子ども
たちに何か活動をやらせるというのではなく，単元の中核にある重大観念につ
いて思考し判断することを求める「本質的な問い」が位置づいていないと，パ
フォーマンス課題としてはうまく機能せず，表面的な活動にとどまってしまう。

（2）ツールとしてのルーブリック

パフォーマンス課題の遂行状況の評定にあたっては，ルーブリックと呼ばれ
る採点指標が用いられる。それは，一まとまりのパフォーマンスの質を複数の
側面から採点するための指標で，質の高さのレベルを示す尺度と，それぞれの
レベルのパフォーマンスの特徴を示した記述語からなる。ルーブリックにより，
実演や作品の審査の信頼性を高めると同時に，それを学習活動の初期段階から
生徒に示すことで，生徒の自己評価を促すことが目指される。

ただし，同じルーブリックといっても，観点ごとに採点を行う分析的な観点別ルーブリックもあれば，観点を分けずに採点を行う包括的な全体的ルーブリックもある。また，どのパフォーマンス課題でも用いることができる一般的ルーブリックもあれば，特定のパフォーマンス課題でしか用いられない課題特殊的ルーブリックもある。さらに，特定の時期にだけ対応するルーブリックもあれば，学期・学年・学校段階をまたいで長期にわたる成長を描き出す長期的・発達的ルーブリックもある。ルーブリックのつくり方としては，たとえば次のようなプロセスが知られている（西岡，2016a，103頁）。

---

① パフォーマンス課題を実施し，学習者の作品（完成作品や実演）を集める。
② パッと見た印象で，「5　すばらしい」「4　良い」「3　合格」「2　もう一歩」「1　かなりの改善が必要」という5つのレベルで採点する。
③ それぞれのレベルに対応する作品群について，どのような特徴が見られるのかを読み取り，話し合いながら記述語を作成する。
④ 一通りの記述語ができたら，評価が分かれた作品について検討し，それらの作品についても的確に評価できるように記述語を練り直す。
⑤ 必要に応じて評価の観点を分けて，観点別ルーブリックにする。

　このようにして策定されたルーブリックは，「評価基準表」と訳されることもある。しかし，ルーブリックは生徒の具体的なパフォーマンス実例を検討することから生み出されるという点で，一般的・抽象的な目標を分析することによって策定される従来の評価基準表とは発想が異なる。

　また，日本ではルーブリックを用いた評価のことを「ルーブリック評価」と呼ぶことがあるが，これは「評価基準表評価」「採点指標評価」といっているようなものである。文字通り，ルーブリックとして示されている評価規準・基準や採点指標を検討することに主眼がある場合は「ルーブリック評価」という呼び方もできよう。しかし，たとえルーブリックを用いた評価であったとしても，パフォーマンス課題の遂行の質を問うことに主眼があるものは「パフォーマンス評価」である。あくまでパフォーマンスの質を確かめるためのツールの一つにルーブリックが位置づいているのであって，ルーブリックで評価するこ

と自体に主眼があるわけではない。

3 ポートフォリオ評価

（1）ポートフォリオの諸類型

　パフォーマンス課題を遂行する過程で生み出される作品や，ルーブリックを用いて行った自己評価の記録は，それ自体が重要な学習や評価の資料となる。それはファイルやフォルダに収められ，そのファイルやフォルダは「ポートフォリオ」（portfolio）と呼ばれ，学習や評価の重要なツールとなっている。

　ポートフォリオという言葉は，イタリア語の portafoglio に由来し，運ぶことを意味する portare と，葉や紙を意味する foglio をつなげた言葉で，元々は，書類を入れて運ぶケースを指す言葉である。それが，芸術分野では，自分を売り込む作品を収めた鞄を指すようになり，また金融分野では，投資家が分散投資した金融商品の組合せを指すようになり，そして学校教育では，学習過程で生み出される作品や記録を系統的に蓄積し整理したファイルやフォルダを指すようになっている。

　ただし，同じ学校教育で用いられるポートフォリオといっても，その形式や用法は多様である。たとえば総合学習において，探究過程で生み出された作品や記録を蓄積し，それを適宜振り返りながら，探究の進展や自分の成長を確かめ，新たな学習活動の指針となる基準を見出していくのにポートフォリオが用いられている。また，教科学習において，所定の基準を満たしたことを示す作品や記録を収め，観点別学習状況の評価や教科全体の評定を行うのにもポートフォリオが用いられている。さらに，卒業認定や入学試験といった上級学校への接続において，特定分野での最良のパフォーマンスを示す作品や記録を収め，卒業や入学の判定材料とするのにもポートフォリオが用いられている。

　このような形式や用法の違いに対応するかたちで，評価基準の位置づけ方との関係から，次のように整理されることもある（西岡，2003）。まず，子どもと教師が話し合いながら評価基準や収めるべき作品を決めていく場合，そこで用

いられるポートフォリオは,「基準創出型ポートフォリオ」と呼ばれる。また,あらかじめ教師が評価基準と収めるべき作品を指定している場合,その基準に準拠したかたちでつくられるポートフォリオは,「基準準拠型ポートフォリオ」と呼ばれる。さらに,子どもが自分なりの評価基準を設定し,その基準に照らして最良の作品だけを収め,外部への自己アピールを行うのに用いられるポートフォリオは,「最良作品集ポートフォリオ」と呼ばれる。

　こうして,従来の標準化されたペーパーテストのみでは把握することができなかった学力の質や学習のプロセスや子ども一人ひとりの成長・発達を多面的・多角的に評価することが,上記のような多様なポートフォリオによって試みられるようになっている。

（2）ポートフォリオ検討会

　ポートフォリオを用いた学習や評価においては,教師が一方的に子どもの学習成果を評価するだけということは稀である。定期的に子どもと教師で,あるいは子ども同士で,さらには保護者や地域住民も交えて,ポートフォリオの内容について協議する「検討会」(カンファレンス)の時間をもたれるのが一般的である。

　ポートフォリオと同様,検討会の形態も多様である。①あらかじめ教師が設定していた評価基準に照らして行う検討会もあれば,②子どもと教師が評価基準をすり合わせながら進める検討会や,③子どもが主導して行う検討会もある(西岡,2003)。

　子どもの自己評価能力の形成に向けては,子どもと教師が評価基準をすり合わせながら進める検討会が多く実践されている。このとき教師は,子どもに自分の探究活動についての自己評価を語らせ,その証拠となる作品や記録をポートフォリオの中から取り出して確認しながら,想定していた目標や評価基準を協働で吟味し,共通理解を図ることが目指される。この過程の中で子どもは,より妥当性の高い評価基準を見出すようになり,より的確に学習活動の改善・修正を行えるようになるのである。こうして,自分たちの取組みについての省察を深め,メタ認知の精度を高めていくことも重視される。

第11章　資質・能力の形成を支える評価

4　実践上の課題

（1）信頼性確保の土台：モデレーションとキャリブレーション

　このように，パフォーマンス評価やポートフォリオ評価については様々な意義が明らかにされているわけだが，実践上の広がりが阻まれているところもある。その最大の要因は，信頼性の確保の難しさである。パフォーマンス評価やポートフォリオ評価には個性的な側面が多くあるため，同じものでも，評価する人によって，あるいは評価する時期によって評価結果が大きく異なってしまうことが多くあり，成績評定や卒業認定，入学者選抜といった高い信頼性を要する場では避けられがちであった。

　たとえば前述のルーブリックは，パフォーマンス課題の遂行状況を評価するための基準を公開・共有することで，信頼性を確保するための努力にもなっている。しかし，同じルーブリックを用いて評価しても，評価する人によって評価結果が異なることは多くある。そこで，複数の評価者ないしは複数の評価チームが同じ作品例を評価し，その評定結果を比較・検討しながら，評価基準についての共通理解が図られる。それは評価基準についての解釈の仕方を調整する営みでもあることから，「モデレーション」と呼ばれる。

　このモデレーション活動は，評価能力を高めるための研修として位置づけられることも多い。評価基準について共通理解を図ろうとする中で，評価事例として取り上げられる作品について多様な見方が示され，それが子どもの作品やパフォーマンスを見る目を鍛えることにつながる。こうしてモデレーション活動は，評価の信頼性確保のためだけでなく，教師の教育的鑑識眼を鍛えるためにも重要な位置を占める。

　たとえば，加盟校すべてにパフォーマンス評価の実施を求めているニューヨーク・パフォーマンス・スタンダード・コンソーシアム（NYPSC：New York Performance Standards Consortium）では，教員研修の一環として定期的なモデレーション研究が学校をまたいで行われている。この営みの中で，同コンソー

161

シアム加盟校で実践されているパフォーマンス評価の信頼性が認められるようになり，さらに，州統一テストよりも州の学習スタンダードに対する妥当性が高いことも認められるようになり，州統一テスト受験義務免除に至ったという事例も報告されている（遠藤，2012）。

一方で，一度モデレーションのような調整が行われたとしても，時間の経過と共に評価基準の解釈の仕方は徐々にずれてくる。そこで，定期的に「原器」となる採点事例を確認し，評価の基準や尺度そのものを補正することも必要となる。それは物理量測定器の較正（目盛補正）作業になぞらえて「キャリブレーション」と呼ばれる。キャリブレーションは，複数の採点者が集まってのモデレーションなしでも取り組めることから，採点者の負担軽減のためにも構想されている（Sadler，2013）。

（2）評価観の転換：判断基準を問い直す学習としての評価へ

2000（平成12）年以降の教育評価論においては，総括的評価や評定のみを前提とした「学習の評価」（assessment of learning）から，診断的評価や形成的評価を強調した「学習のための評価」（assessment for learning）へ，さらに省察や自己評価やメタ認知を強調した「学習としての評価」（assessment as learning）へと，研究の焦点が拡張しつつある。パフォーマンス評価やポートフォリオ評価といった「真正の評価」に向けた取組みは，それ自体が探究や学習の重要な過程となり，「学習としての評価」に位置づくものである。

この取組みをより確かなものにするために重要になるのが，教育評価への子どもの参加という視点である。学習活動の早い段階でルーブリックが共有される場面に象徴的に見られるように，評価基準は子どもと共有されて初めて，学習活動の改善に役立てられる。また，検討会等において，子どもと教師，あるいは子ども同士で評価基準をすり合わせる営みは，学習活動の指針となる評価基準づくりに子どもが関わることを意味する。この積み重ねが，学習活動を持続的に発展させるための手がかりを自分自身で探り続けることを必要とする，生涯学習の基盤となる。社会に出れば，自分の取組みについて何ができていて

第11章　資質・能力の形成を支える評価

何ができていないかを見極めて後の活動の改善につなげるだけでなく，自分が参照する観点や規準・基準自体を自分で創り出したりつくり直したりすることも求められるからである。

　民主的な社会の実現に向けては，異質な他者と協働する中で互いの価値判断の基準を問い直す営みが欠かせない。市民一人ひとりが社会の一員として，あるいは政治の主体として価値判断の規準・基準を問い直すことを続けないと，個々人の熟慮と異質な他者との知性的な討議によって既存の価値を問い直す感覚が鍛えられず，多数決に依存した意思決定に陥ってしまうからである。前述のモデレーションやキャリブレーションも，信頼性確保の土台として見るだけではなく，自分の行動や判断の拠り所となる基準を多様な視点から問い直し続ける契機としても位置づけ直す必要がある。

（3）学年・教科・領域をまたいだ評価の構想

　以上のような実践上の課題に関わって，前述の中教審答申では次のようなことも指摘されている。

　　　また，子供一人一人が，自らの学習状況やキャリア形成を見通したり，振り返ったりできるようにすることが重要である。そのため，子供たちが自己評価を行うことを，教科等の特質に応じて学習活動の一つとして位置付けることが適当である。例えば，特別活動（学級活動・ホームルーム活動）を中核としつつ，「キャリア・パスポート（仮称）」などを活用して，子供たちが自己評価を行うことを位置付けることなどが考えられる。その際，教員が対話的に関わることで，自己評価に関する学習活動を深めていくことが重要である。

　「主体的に学習に取り組む態度」あるいは「学びに向かう力・人間性」といったものまで含み込んだ資質・能力については，特定の単元ないしは教科だけで育成・評価できるものではない。生涯学習の基盤として学年・教科・領域をまたいで育成・評価していくことが求められるものである。しかも，その取

学年プロジェクト全体計画

＝本校の学年プロジェクト＝
　社会とのかかわり，自己の生き方を考えるテーマを学年毎に設定し，3年間を通したロングスパンの探究活動によって，教師とともに，主体的・創〔…〕や過去の実践を超えていこうという常に変化していく学校文化の一翼を担っている。

○教科と他領域の関係
　体系的な教科の学問構造に支えられている教科学習とは，内容的なつながりを最初から持っているわけではないが，どちらも他者とかかわり合い〔…〕表現方法や探究内容を深めていったりする。

○異学年のつながり①（文化祭）
　9月に行われる文化祭は，各学年の探究してきたことを共有する最大の場である。文化祭での発表によって，学年集団の中で閉じた活動に終わることなく，世代を越えて表現を交流し合う世代継承サイクルが展開し，学校文化が受け継がれていく。1年生は，テーマ設定から今後の方向性を模索しながらの取り組みを，2年生は，前年度の文化祭から1年間かけて協働で探究してきた内容を，3年生は，学級ごとに演劇を，テーマに沿った形で表現方法を工夫し披露する。それぞれの探究が1つの場で共有されることによって，異学年からの直接のアドバイスや担当学年外の教員による批評を受ける場があり，これまでの探究を省察し次のステップに踏み出す場になるとともに，1年後の自分たちの姿を重ね合わせ，めざすべき姿を具体化する場ともなっている。

学年プロジェクトから演劇までのストーリー
　1,2年の学年プロジェクトにおける様々な活動を通して，集団で学び合うこと，支え合いながら1つのものを追究していくこと，そして，自分以外の人，集団，異学年との交流によってお互いの活動の質が向上していくことを学んできている。その中で多くの人との人間関係をしっかりと築き，集団の力によって創り上げていくことの意義や可能性を深く感じ取ってきている。2年生までのこうした活動に加え，修学旅行での創作音楽ドラマの発表や連合音楽会も，文化祭，クラス演劇を視野に入れたものとなり，学年全体が一つになって動いていくのである。

第3学年　連合音楽会

構築　上演　役割ごとの活動　振り返り　テーマの設定　脚本作り　発意　構想　表現　省察　学級演劇に向けて　構築

構築　制作　調査　組織作り　発表会　表現方法の設定　テーマの捉え直し　構想　表現　省察

文化祭に向けて

第2学年　遠足

発意　構築　発表会　テ〔…〕

3年間を見通した学年プロジェクトの始まり
　宿泊学習を終えた頃から，実行委員を中心に，教師とともに，これから取り組む自分たちのテーマを設定する活動が始まる。はじめから国際理解や環境といったテーマを与えるのではなく，まず自分たちの興味・関心を起点とし，すべての子どもがこれまでの経験や挑戦してみたい事柄から，どのようなテーマが相応しいか場面や規模を変えながら話し合う。本当にみんなで探究していけるテーマとなりうるか。どのような表現活動が組織できるか。そしてどのような成果が期待できるのかなど3年間の継続性や発展性を見据え，時間をかけて学年一人一人が納得できるテーマを探る。

構築　調査の体験　組織作り　表現の工夫　テーマ検討　話し合い　構想　表現　省察

文化祭に向けて　発意

第1学年　宿泊学習

学年プロジェクト

○実行委員
　学年プロジェクトを支える中心的な組織。メンバーは各学級から募集し，10〜20人で構成される。学年テーマや活〔…〕をサポートする。

○学年会
　学年プロジェクトの活動のねらいや探究内容，安全面での留意事項等について協議する場。学年の教師で構成され，子どもたちが見通しを持って主体的に活動できるよう，実行委員に働きかけるとともに，学年全体を背後から支える。

○専門家
　ゲストティーチャーとして来校したり，調査活動を受け入れたりすることで，子どもとかかわり，さらには学年全体に影響を与える。彼らの専門的な知識や技能に直接触れることで，子どもたちの学びが促進される。

○教育実践研究会
　各学年が学年プロ〔…〕示唆を得る。

○大学教員
　教育実践研究会やアドバイスを，より高い視〔…〕

図11-1　学年プロジェ

出典：福井大学教育地域科学部附属中学校（2009）『授業のプロセスとデザイン　総合的な学習の時間　編

によりよく問題を解決する姿をめざす。常に表現活動を視野に入れた協働的な学習を展開し，スパイラル的に課題や探究を変容させながら，他学年から，ロングスパンの主題・探究・表現型の学習を組織している。したがって必要に応じて探究の内容や方法を相互に活用したり，行事と関連付けて

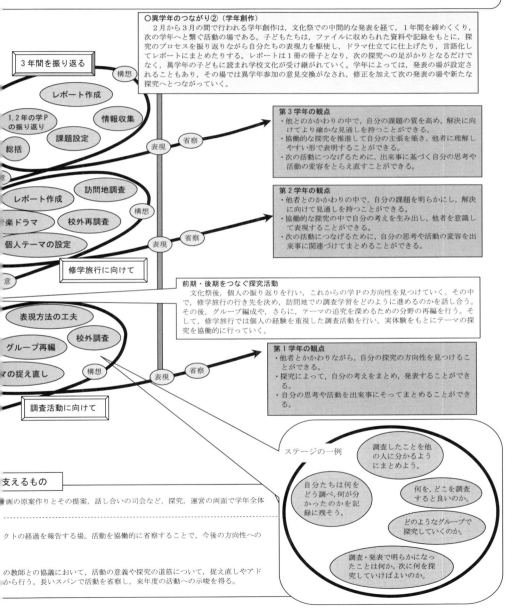

クト全体計画

(学びを拓く《探究するコミュニティ》第5巻)』エクシート，68〜69頁。

組みは，前述の「学習としての評価」を成り立たせるべく，子どもの自己評価を学習活動の軸に据えたかたちでカリキュラムをデザインし直す必要がある。

　ただし，このような視点はまったく新奇なものではなく，学校によっては，総合的な学習の時間や特別活動の枠組みを使って一定の実践の蓄積がある。たとえば福井大学教育地域科学部附属中学校（2017年4月から福井大学教育学部附属義務教育学校後期課程）では，「学年プロジェクト」と呼ばれる総合的な学習の時間の取組みが，学校行事等の特別活動と密接に連動した形で計画・組織されるとともに（図11-1），この内容と連動するかたちで各教科の内容・単元構成についても独自のカリキュラム・マネジメントが行われている（福井大学教育地域科学部附属中学校研究会，2010）。また，生徒が残すレポートや演劇といったパフォーマンスを軸に，学年をまたいだ世代継承サイクルがカリキュラムの中に埋め込まれており，先輩のパフォーマンスを後輩が評価する中で互いの判断基準を吟味し直し，同学年内の生徒や教師との対話だけでは実現できない発展を持続させている。これは，同校で評価として意識されていた取組みではない。しかしながら，それは，学年・教科・領域をまたいで資質・能力の形成を図ることに長年取り組んでいる学校の多くに見られる「学習としての評価」の構造である。このような視点から学校のカリキュラムを検討することも必要である。

引用・参考文献

ウィギンズ，G.・マクタイ，J.，西岡加名恵訳（2012）『理解をもたらすカリキュラム設計――「逆向き設計」の理論と方法』日本標準。

遠藤貴広（2012）「州テスト政策に対抗する草の根の教育評価改革――New York Performance Standards Consortium を事例に」北野秋男・吉良直・大桃敏行編『アメリカ教育改革の最前線――頂点への競争』学術出版会，231～243頁。

ギップス，C.V.，鈴木秀幸訳（2001）『新しい評価を求めて――テスト教育の終焉』論創社。

田中耕治（2008）『教育評価』岩波書店。

田中耕治編（2011）『パフォーマンス評価――思考力・判断力・表現力を育む授業づくり』ぎょうせい。

西岡加名恵（2003）『教科と総合に活かすポートフォリオ評価法――新たな評価基準の創出に向けて』図書文化。

第11章　資質・能力の形成を支える評価

西岡加名恵（2016a）『教科と総合学習のカリキュラム設計——パフォーマンス評価を
　　どう活かすか』図書文化。

西岡加名恵編（2016b）『「資質・能力」を育てるパフォーマンス評価——アクティ
　　ブ・ラーニングをどう充実させるか』明治図書。

西岡加名恵・永井正人・前野正博・田中容子・京都府立園部高等学校・附属中学校編
　　（2017）『パフォーマンス評価で生徒の「資質・能力」を育てる——学ぶ力を育てる
　　新たな授業とカリキュラム』学事出版。

ニューマン，F. M.，渡部竜也・堀田諭訳（2017）『真正の学び/学力——質の高い知
　　をめぐる学校再建』春風社。

福井大学教育地域科学部附属中学校研究会（2010）『学び合う学校文化（学びを拓く
　　《探究するコミュニティ》第1巻）』エクシート。

ワグナー，T.，陳玉玲訳（2017）『未来の学校——テスト教育は限界か』玉川大学出
　　版部。

Sadler, D. R. (2013) Assuring academic achievement: From moderation to calibration.
　　Assessment in education: Principles, policy & practice, 20(1), 5-19.

【学習の課題】

(1)　学年・教科・領域をまたいで能力の形成を図ることに長年取り組んでいる学校
　　のカリキュラムには，どのような評価の構造が埋め込まれているか。実践記録を
　　手がかりに検討してみよう。

(2)　これから求められる能力の育成を考えたとき，従来のテストにはどのような限
　　界があるか。テストの実例を見ながら具体的に検討してみよう。

(3)　児童・生徒の実際の作品を協働で検討しながら，お互いの評価規準・基準につ
　　いて話し合うとともに，モデレーションの勘所を確認してみよう。

【さらに学びたい人のための図書】

細尾萌子（2017）『フランスでは学力をどう評価してきたか——教養とコンピテン
　　シーのあいだ』ミネルヴァ書房。
　　　　⇨日本でも注目されているバカロレア試験の背後にある学力評価論を知るのに便利。

松下佳代編著（2010）『〈新しい能力〉は教育を変えるか——学力・リテラシー・コン
　　ピテンシー』ミネルヴァ書房。
　　　　⇨コンピテンシー等，新しい能力をめぐる議論を整理するのに便利。

渡部信一編（2017）『教育現場の「コンピテンシー評価」——「見えない能力」の評
　　価を考える』ナカニシヤ出版。
　　　　⇨様々な実例から，従来の学力評価のあり方を相対化させるのに便利。

（遠藤貴広）

第12章　カリキュラム評価と学校評価

この章で学ぶこと

　2017年版学習指導要領でカリキュラム・マネジメントの重要性が提起されたことで，その一側面を担うカリキュラム評価にも関心が寄せられている。本章では，カリキュラム評価とは何かについて，まず定義や目的を整理する。そのうえで，カリキュラム評価と授業レベルの評価・学校評価との関係，具体的な方法等について，理解することをねらいとしている。

　また，本章では，カリキュラム評価と関係の深い学校評価についても取り上げる。カリキュラム評価や学校評価の固有性を自覚しつつも，切り分けて実施するのではなく，関連づけてよりよい学校づくりにつなげていくことが重要である。実践例を通して，そのあり方を探る一助としてほしい。

1　カリキュラム評価とは何か

（1）カリキュラム評価の定義と目的

　まず，カリキュラム評価とは何かについてである。カリキュラム評価がカリキュラムそれ自体を評価する活動である（田中，2005，8頁）と捉えると，そもそもカリキュラムとは何かという問いと向き合わざるを得ない。カリキュラムや教育課程については，第1章で狭義（子どもの学習活動を指導するために，学校や教師が教育内容を教育目的に沿って組織・編成した教育計画）と広義（子どもの学校における学習経験の総体）との2つの定義があることが指摘されている。カリキュラムと教育課程という用語については，意図的に使い分ける立場もある。しかしながら，本章では，カリキュラムと教育課程という用語を同義と捉えたうえで，カリキュラム評価という用語を用いることとする。

　カリキュラム評価を実施する際には，カリキュラムの2つの定義を意識する

ことが重要である。つまり「計画」自体の評価とともに子どもが学校でどのような学習経験をしたのかという総体を評価することを通じて，子どもの学びをより良きものにしうるような「計画」や目標自体の改善を目指すことができるようになるといえよう。これらを踏まえ，本章では，カリキュラム評価とは，教育目的・目標に照らして，適切にカリキュラムが編成・実施されたかについて，修正・改善の方策を立てるために行う評価であるとしたい。これは，行政・制度レベルでも学校・実践レベルでも同様である。

　カリキュラム評価の活動については，安彦忠彦が「カリキュラム改訂」「カリキュラム改革」「カリキュラム改善」との関わりで整理している（安彦，2003，138〜140頁）。「カリキュラム改訂」とは，行政ないし制度レベルで一定の時期にカリキュラムを公式に改めることであるとされる。そのため，これに必要なカリキュラム評価としては全国一斉学力調査など行政担当者が行うものがあげられる。「カリキュラム改革」は，今あるものを根本的に変えるようなことをいい，行政・制度レベルから実践現場までを含む。この場合，基本的な教育哲学や思想，理念といった根本的な部分を含むほとんどすべての分野がカリキュラム評価の対象となる。

　最後に，「カリキュラム改善」とは，現在行っているカリキュラムの成果を少しでも上げるために，修正すべき点を見つけて部分的に手を加えることをいう。これは，学校現場で，実践家たる教師が中心となって行われる活動で，基本的に「授業」を通してのものが中心となる。いずれのレベルも重要であるが，本章では，学校現場で教師が中心となって行う「カリキュラム改善」を目的としたカリキュラム評価を中心に取り上げる。

（2）授業・カリキュラム・学校レベルの評価

　それでは，カリキュラム評価は授業レベルの評価や学校評価とはどのような関係にあるのだろうか。水越敏行は「教育課程の評価」について，「授業評価を核心部に含みつつも，教室で展開される教授・学習活動を支えるような，言い換えると授業を間接的に規定してくるような諸条件に関する評価をも含むもの」

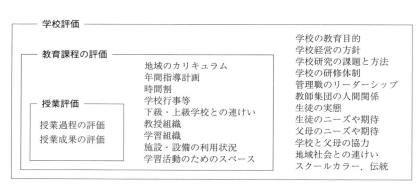

図12-1　授業評価・教育課程の評価・学校評価の関係図
出典：水越（1982）20頁。

（水越，1982，20頁）として捉えたいと述べ，3つの評価を図12-1のように整理している。つまり，カリキュラム評価（教育課程の評価）は授業レベルの評価を含むものの，それだけにとどまらず授業を支えるような諸条件を主に対象とするものと考えられている。また，図12-1においてカリキュラム評価が学校評価の一部に位置づいているように，カリキュラム評価は学校評価の一貫として実施されうる。ただし，学校評価の対象は，カリキュラムだけでなく，学校経営や研修体制といったカリキュラムを支える側面をも含む点に違いがあるといえる。

　また，田中耕治は，教育評価の対象と構造を図12-2のように整理している。図12-2をみるとカリキュラム評価は教育評価の中心に位置づいており，学校評価や授業レベルの評価，学力評価等のほかすべての評価と関わり合っていることがわかる。これらの整理を踏まえれば，カリキュラム評価は，単独でカリキュラムの是非を評価しようとするのではなく，学校で行われるその他の評価とのつながりを生かしながら実施することが求められるといえよう。

　実際，諸外国においては，授業・カリキュラム・学校レベルの評価は必ずしも切り分けられてはいない。学校評価において，教授・学習のプロセスや時間，提供される教育内容といった，授業，カリキュラムレベルの内容を含み込む例もある（奥村，2016）。図12-1でも，授業レベルの評価，カリキュラム評価，学校評価は包含関係として描かれていた。ただし，図12-2においてすべての

第12章　カリキュラム評価と学校評価

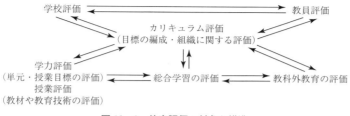

図12−2　教育評価の対象と構造

出典：田中（2008）85頁。

矢印が双方向を指しているように，カリキュラム評価の一貫として授業レベルの評価を実施する，学校評価の一貫として授業レベルの評価，カリキュラム評価を行うという方向性だけでなく，授業レベルの評価を行う際にも，その結果をカリキュラムの改善や学校の改善に生かすことができるという方向性をも念頭において実施することが重要であろう。

（3）カリキュラム評価が求められる背景と評価対象

　日本では，戦後初期を除いて長い間，教育活動の質を保つための取組みとしては，授業研究に重点が置かれており，あまりカリキュラム評価は定着してはこなかった。戦後初期の学習指導要領が試案だった頃には，各地域や学校で，子どもの生活実態に即したカリキュラム編成が進められていた。そのため，1951（昭和26）年版学習指導要領においても「教育課程の評価」の着眼点等が詳しく紹介されていた。しかし，1958（昭和33）年版学習指導要領以降，学習指導要領に法的拘束力が与えられ，各学校は学習指導要領に書かれていることを守って，カリキュラムを編成しなくてはならなくなった。それにより，カリキュラムに関して学校の裁量があまり発揮できなくなったことで，カリキュラム評価は下火になっていく。

　こうした状態が長く続いた後，1998（平成10）年版の学習指導要領で，総合的な学習の時間が導入され，特色ある教育，学校づくりを進めることが強調された。また，2003（平成15）年に学習指導要領が「最低基準」と規定され，「〜については取り扱わない」などといった教えるべき内容の上限を定めるような

「はどめ規定」の見直しが行われた。こうして，2000年頃より各学校の自主裁量権や責任が大きくなってきた。それに伴い，改めてカリキュラム評価の必要性が高まってきた。とくに，2017（平成29）年版学習指導要領では，カリキュラム・マネジメントの重要性が指摘された。カリキュラム・マネジメントとは，各学校が設定する教育目標の実現を目指して，教育の内容と方法のまとまりである教育課程（カリキュラム）を編成，実施，評価，改善するための考え方の総体である（第13章参照）。このように，カリキュラム評価はカリキュラム・マネジメントの一部を担うことから，カリキュラム評価への注目も高まっている。

　こうして次第に認知され，実施されるようになってきたカリキュラム評価であるが，ともすると，カリキュラムの特色やカリキュラムを通じて育てたい力をもとにしてアンケートを作成し，それを子どもに回答させたものをもって，評価を行ったとするケースもある。しかしながら，アンケートだけでは，「子どもは自分に力がついたと思っている」ことは把握できたとしても，「本当に子どもに力がついた」かどうかは，わからない。カリキュラム評価のためのデータ収集としては，アンケートのような間接的な証拠だけでなく，授業レベルで収集しうる子どもの学びの実態を把握した直接的なデータも重要となるだろう。さらに，アンケート等で把握しにくい教育目標とカリキュラムの関係や「計画」自体の評価等については，後述する高倉小学校の事例やチェックリスト，モデル図のように関連を調べる方法等を用いて，評価を行うこともできよう。いずれにせよ，わかりやすい数値で把握しうる量的側面のみでなく，質的側面も意識することが重要である。

2　カリキュラム評価のアプローチ

（1）「目標に準拠した評価」と「ゴール・フリー評価」

　カリキュラム評価のアプローチは，大きく分けて「目標に準拠した評価」と「ゴール・フリー評価」とに分けられる。「目標に準拠した評価」については，第10章で取り上げたように，学力評価の分野では，2001（平成13）年に改訂さ

第12章 カリキュラム評価と学校評価

れた指導要録以来用いられている。教育目標を規準に子どもの学力を評価しようとする立場であり，すべての子どもを目標に到達させることを目指す学力保障の考え方が根底にある。これは，カリキュラム評価においても同様である。そこでは，子どもが目標に到達できるようなカリキュラムとなっているかが，絶えず問い直されなくてはならない。

「ゴール・フリー評価」とは，アメリカの評価研究者スクリヴァン（Scriven, M.）が提唱したもので，あらかじめ設定した目標にこだわることなく，保護者や子どもたちといった，多様な関心をもつ人々の判断に基づいて評価を行おうとするものである。教育目標を否定するものではなく，教師以外の人々が評価に参加する道を開き，教師の目標にこだわらずに評価の質的客観性を確保しようとする（根津，2006）。日本には，1974（昭和49）年に文部省（当時）と経済協力開発機構・教育研究革新センター（OECD - CERI）が開催した「カリキュラム開発に関する国際セミナー」の中で，カリキュラム開発の1アプローチである「羅生門的アプローチ」の評価論として紹介された（文部省，1975）。

なお，このとき，「羅生門的アプローチ」と並んで紹介された「工学的アプローチ」の評価論は，目標に準拠した評価とされている。ただし，ここでの目標に準拠した評価は，工場で商品を生産するように，合理的にカリキュラムや授業を開発する工学的アプローチと対になっている。工学的アプローチでは，目標は客観的に測定可能な行動目標へと細分化されていく。しかしながら，ここで想定されていたように，教育目標を，評価しやすい行動を示す個別の下位目標に細分化していくと，問題解決力などの高次な認知的能力などが教育目標として設定されにくくなる。「目標に準拠した評価」が，すべての子どもに必要な学力を保障しようとするものであるならば，目標を評価しやすい行動面だけに限定して子どもの学びを狭めてしまわないように留意が必要である。

また，「目標に準拠した評価」と「ゴール・フリー評価」の関係については，相反する立場と捉えるべきではない。子どもの目標達成を目指して，目標に準拠してカリキュラムを評価しつつも，目標からはみ出す部分にも目を向け，評価から実際に影響を受ける人々の参加を促すことが重要であるといえよう。

（2）「逆向き設計」論

　ここで，カリキュラム評価論の一つとして，「逆向き設計」論を紹介してみたい。「逆向き設計」論は，第7章で取り上げたように，「カリキュラム設計にあたって，教育目標，評価方法，学習経験と指導を三位一体のものとして設計することを提案するもの」（西岡，2016，21頁）である。設計論という名の通り，カリキュラム評価論とは趣が少し異なるように思われるかもしれない。実は，「逆向き設計」論は，単元設計（「ミクロな設計」）と，より長期的な指導計画（「マクロな設計」）とを往還させながら，カリキュラム全体の改善を図るという発想が採られており，その意味ではカリキュラム評価論ということもできよう（西岡，2016，146頁，234頁）。具体的には，生徒からのフィードバック，生徒の作品，外部のデータ（統一テストの結果など）を用いて結果を評価し，ミクロ・マクロの双方で改良を図ることが提案されている。

　ここで，生徒からのフィードバックや生徒の作品とあるように，子どもの学びの実態（直接的な証拠）は，いわゆる○×で判断できるような客観テストのみで把握しようとするのではない。パフォーマンス課題と呼ばれる，複数の知識やスキルを総合して使いこなすことを求めるような複雑な課題等を含めた様々な評価方法を用いて，教育目標と対応するかたちで評価を行うことが重要である。

（3）様々なカリキュラム評価の方法

　カリキュラム評価を実施するにあたっては，子どもの学びの実態把握等に加えて，チェックリストやモデル図等を使う方法も開発されている。

　たとえば，表12-1は，カリキュラム評価のためのチェックリストの一部である。先述した「ゴール・フリー評価」を提唱したスクリヴァンによるチェックリストをもとに日本版に再構成されたものである（根津，2006）。そのため，多くのチェックリストは「はい」「いいえ」ないし簡単な2～3語の応答で答えられるような「閉ざされた問い」（closed question）を採用しているのに対し，このチェックリストは，評価者の判断を重視した「開かれた問い」（open ques-

第12章 カリキュラム評価と学校評価

表 12-1 日本版カリキュラム評価のためのチェックリスト（一部抜粋）

1	記述	評価を行うカリキュラムは，どういうカリキュラムなのか？
2	背景および文脈	なぜこのカリキュラムを実施しようとしたのか？ また，このカリキュラムにより何が意図されているのか？
3	消費者	このカリキュラムは，誰に直接働きかけるのか？ また，間接的には誰が影響を受けるのか？
4	資源	このカリキュラムを実施するにあたり，必要を感じているものは何か？
（略）	（略）	
14	メタ評価	以上の1～13の評価結果を，他に評価する人は誰か？

出典：根津（2006）121頁および田中・根津（2009）43頁他をもとに筆者作成。

tion）を採用している。「開かれた問い」とは，たとえば，「評価を行うカリキュラムは，どういうカリキュラムなのか？」のように，評価者の質的な判断が求められる問いである。「閉ざされた問い」で，実践の結果について尺度等を用いて数値化するのではなく，そもそもそのカリキュラム開発により何が起こったのかという事実が究明できるようになっている。また，多様な関心をもつ人々が実践を多面的に読み解く点に重点を置く羅生門的アプローチを応用して考えると，多種多様な関心をもつ人々がこのチェックリストを使って評価を行い，評価後に突き合わせるという方法をとることもできる。

また，モデル図を利用する場合もある。たとえば，田村知子はカリキュラム・マネジメント実践の際に配慮すべき要素を構造的に示したモデル図を作成している（田村，2014）。モデル図は第13章に掲載されている。モデル図中の各要素は矢印でつながっており，カリキュラムを中心とした学校教育の全体像および関係性が見えるようになっている。カリキュラム・マネジメントを行うに際し，カリキュラム評価を行うために使うことができる。

3 学校評価とは何か

（1）学校評価の背景と定義

学校評価が日本で求められるようになった背景は，カリキュラム評価と重な

175

表12-2 『学校評価ガイドライン』における学校評価の定義

自己評価：各学校の教職員が行う評価
学校関係者評価：保護者，地域住民等の学校関係者などにより構成された評価委員会等が，自己評価の結果について評価することを基本として行う評価
第三者評価：学校とその設置者が実施者となり，学校運営に関する外部の専門家を中心とした評価者により，自己評価や学校関係者評価の実施状況も踏まえつつ，教育活動その他の学校運営の状況について専門的視点から行う評価

出典：文部科学省（2016）3頁。

るところが多い。長い間，日本では，学校評価が研究されることはあっても，一般の学校にはなかなか根づいてこなかった。しかし，1998年に中央教育審議会答申「今後の地方教育行政の在り方について」が出され，学校が家庭や地域と連携協力して教育活動を展開するために，学校の自己評価の実施や学校評議員の設置等が提言されたことなどを受け，2000年代以降は急速に法整備が進められてきた。

　学校評価の定義は，『学校評価ガイドライン』（平成28年改訂）によれば，表12-2のように，主に誰が評価するかという評価主体によって整理されている。ただし，児童生徒・保護者対象のアンケートは，学校が自己評価を行ううえで実施するものであり，学校関係者評価とは異なる点に注意が必要である。学校関係者評価は，単に学校関係者によって実施されるのみならず，学校の自己評価の結果について評価することが基本とされている。これらの学校評価のうち，自己評価の実施・公表の義務化，学校関係者評価の実施・公表の努力義務化，評価結果の設置者（教育委員会等）への報告の義務化が2007（平成19）年の学校教育法，学校教育法施行規則の改正によって規定されている。第三者評価については，日本では法令上は，実施義務や努力義務は課されていない。

（2）学校評価の目的，対象，方法

　学校評価の目的としては，大きく分けてアカウンタビリティ（説明責任）と教育活動の改善があげられることが多い。一般的に，アカウンタビリティとは，税金を使って運営されている学校が，それに見合うだけの成果をあげているか

第12章　カリキュラム評価と学校評価

表 12-3　『学校評価ガイドライン』における学校評価の目的

1　各学校が，自らの教育活動その他の学校運営について，目指すべき目標を設定し，その達成状況や達成に向けた取組の適切さ等について評価することにより，学校として組織的・継続的な改善を図ること。
2　各学校が，自己評価及び保護者など学校関係者等による評価の実施とその結果の公表・説明により，適切に説明責任を果たすとともに，保護者，地域住民等から理解と参画を得て，学校・家庭・地域の連携協力による学校づくりを進めること。
3　各学校の設置者等が，学校評価の結果に応じて，学校に対する支援や条件整備等の改善措置を講じることにより，一定水準の教育の質を保証し，その向上を図ること。

出典：文部科学省（2016）2頁。

どうかを説明する責任が求められるようになったことをいう。一方で，学校評価も「教育評価」の一種であり，やはり学校全体での教育活動に反省を加えて，修正・改善しようとすることが大切である。

　ただし，『学校評価ガイドライン』（平成28年改訂）を見ると，学校評価の目的は，表12-3のようになっている。ここでは，大きく分けて①学校レベル・設置者等レベルでの質の改善（1および3より），②説明責任（2の前半），③学校・家庭・地域の連携協力による学校づくり（2の後半）という3つの目的が読み取れる。つまり，説明責任と改善に加え，学校・家庭・地域の連携協力による学校づくりが位置づけられている点に日本らしさがあるといえる。

　学校評価の対象については様々な議論がある。しかしながら，先述したように，カリキュラム評価や授業レベルの評価を関連づけ，量的側面や教育成果だけでなく質的側面やプロセスにも目を配りながら，実施することが重要であるといえる。たとえば，日本では，学校評価の方法として，アンケートを実施している学校が多いが，アンケートの中にカリキュラムや授業に関する点についても含み込むことで，カリキュラム評価や授業レベルの評価のための間接的な証拠を入手することができる。一方で，カリキュラム評価や授業レベルの評価結果を，学校全体の評価の一部として活用することによって，広い視野を保ちつつ具体的な改善を実施していくこともできるだろう。ただし，後述する高倉小学校の事例でもあるように，学校が学校評価等を通じていかに評価・改善活動を行っているかという質の管理の側面等，カリキュラム評価や授業レベルの

評価では射程に入りにくい，学校評価だからこそ対象としうる側面も視野に入れておくことが重要であるといえよう。

4 京都市立高倉小学校におけるカリキュラム評価と学校評価

ここでは，第6章でも取り上げた京都市立高倉小学校（以下，高倉小学校）における取組みを紹介する。最初に，高倉小学校の紹介をしておくと，1869年に創立された7つの番組小学校をルーツとする歴史と伝統をもつ学校である。こうした背景のもと，「地域の子どもは地域で育てる」という理念が根づいており，2006（平成18）年以降は小中一貫教育コミュニティ・スクールとして取組みを行っている。この小中一貫教育の取組みの一つとして，「読解科」と呼ばれる特設教科を設置し，読解力（課題設定力，情報活用力，記述力，コミュニケーション力）の育成を目指している。

（1）カリキュラム評価

高倉小学校は近年，読解科を中心としてカリキュラム評価を行い，カリキュラム改善を行っている。読解科をカリキュラム評価の主軸としたのは，従来読解科で育んできた読解力が，近年，各教科においても重視されるようになってきたためであるという。そこで，読解科の授業で子どもたちが書く振り返りなどを参照しつつ，読解科の授業での学びが各教科のどこに生かされているのかについて関連を調べることにしたという。具体的には表12-4のように，年間教育計画に矢印で読解科と各教科・領域との関連を書き込むかたちで行われた。なお，表12-4は，関連案の一部を抜粋したものであり，実際は年間を通じての全教科・領域等を踏まえた表を用いて関連案は作成されている。

こうしたカリキュラム評価は，一部の教員だけで実施されるのではない。読解科部の教員が中心となり，各学年の教員との間を往還しながら全教員が関わるかたちで実施されている。時期としては，年度が終わってから実施するのではなく，年度の後半頃から，カリキュラムを実施しながら並行して評価・改善

第12章　カリキュラム評価と学校評価

表12-4　高倉小学校における5年生の読解科と各教科・領域との関連案一部抜粋

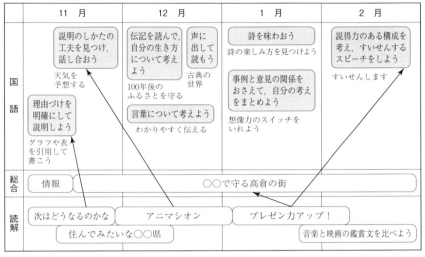

出典：田中・岸田（2017）118～119頁をもとに筆者作成。

案の作成が行われている。改善案は，各教科・領域との関連をはかり，単元の配列を組み代えたり，育てたい力を重視して内容や時数を精選したり，必要に応じて読解科の内容を教科に移動したりするかたちで考案される。

　このように，高倉小学校の読解科と各教科・領域との関連案には，読解科を中心として，カリキュラム全体の関連が可視化されている。たとえば，5年生の読解科の内容には，「プレゼン力アップ！」というプレゼンテーションの方法について取り上げるものがある。これは，4年生までのプレゼンテーションについての学びの延長線上にある。表12-4からは，この学びが国語の「説得力のある構成を考え，すいせんするスピーチをしよう」の発表や，総合的な学習の時間における「○○で守る高倉の街」という防災に関する探究学習の発表の際に生かされることなどがわかる。また，表12-4には表れていないが，総合的な学習の時間の防災についての学びは社会科における防災の内容とも関連する。このような教科・領域を超えた関連は，指導案にも書き込まれる。こうした取組みを重ねることで，カリキュラム全体の関連を見直すことにより，教

師も子どもも教科や領域を超えて学びを生かせるようになってきたという。

　なお，補足しておくと，高倉小学校では，読解科と各教科・領域との関連案作成だけでなく，パフォーマンス評価等を取り入れた授業づくりを行うことによって得られた子どもたちの学びの実態や，学校評価の結果等も参照しながらカリキュラム評価・改善を行っている（パフォーマンス評価に関しては第11章を参照）。

（2）学校評価

　高倉小学校の学校評価の特色としては，2015（平成27）年より，『高倉小の教育』と呼ばれる冊子を学校評価に活用していることがある。『高倉小の教育』には，学校教育目標やそれを達成するためにカリキュラム・授業において具体的にどのような教育活動を実施しているかが示されており，それらを教職員・保護者・地域住民との間で共有することができるようになっている。

　実は，学校評価で『高倉小の教育』を活用するきっかけとなったのは，本書第6章で取り上げている「スマイル21プラン委員会」（以下，「スマイル」）という学校運営協議会である。この「評価部会」は，学校運営協議会の取組みについての評価や学校関係者評価を実施している。「評価部会」には教職員，保護者，地域住民，大学教員である筆者等が参加している。この「評価部会」で，学校関係者評価として，2015年に学校評価アンケートについて議論をしている際に，学校教育目標や教育活動がわかりやすく示されている『高倉小の教育』をもとに，子どもの姿についてアンケートをするかたちに改めることが提案されたのである。この提案は，保護者・児童・教職員向けのアンケートすべてに生かされた。高倉小学校では，その後も毎年，学校関係者評価を重ね，アンケートの結果に基づきながら，アンケート項目自体の改善を行い続けている。このようにして，高倉小学校では，学校評価を行うプロセスにも，保護者・地域住民等が参画しており，1つの連携・協働の場として位置づけられている。

　もちろん，学校評価の結果，改善を行うのは，アンケート項目だけではない。たとえば，学校評価の結果をもとに，学校での読書を一層家庭読書につなげる

第12章　カリキュラム評価と学校評価

ことを目指して，学校・保護者・地域住民とで協働的に家庭読書充実のための取組みが行われている。具体的には，保護者・地域住民を中心にオススメの本アンケートを作成・実施して「選書会」（図書館に入れて欲しい本を子どもが自分で選ぶ取組み）の本をそこから選ぶようにするという取組みや，保護者・地域住民が2年生に読み聞かせをする際に，保護者にも参観してもらい，保護者自身が読み聞かせについて学べるような場を設けるという取組みなどが行われている。こうした保護者・地域住民との連携・協働が可能になるのは，『高倉小の教育』などを通じて，学校教育目標や教育活動が共有されていることが根底にあるといえよう。

　高倉小学校では，読書力は，読解科で育成を目指す読解力のベースと位置づけられている。学校として大切にしたい力を確かに育むために，カリキュラム評価と学校評価を連動させることを通じて，保護者・地域住民と連携・協働しながらよりよい学校，地域づくりに取り組んでいるといえる（2017年8月1日，高倉小学校で行った岸田蘭子校長と八木悠介副教頭へのインタビュー）。

注
(1)　番組小学校とは，明治初期，学制発布に先駆け，京都の町衆が「町づくりは人づくり」という心意気で，竈金（かまどきん）という形で資金を集め，地域の人材育成のための場として全国の先陣をきって拓いた学校のことである。

引用・参考文献

安彦忠彦（2003）『カリキュラム開発で進める学校改革』明治図書。
奥村好美（2016）『〈教育の自由〉と学校評価——現代オランダの模索』京都大学学術出版会。
田中耕治（2008）『教育評価』岩波書店。
田中耕治・岸田蘭子監修（2017）『資質・能力を育てるカリキュラム・マネジメント——読解力を基盤とする教科の学習とパフォーマンス評価の実践』日本標準。
田中統治（2005）「学校経営を支えるカリキュラム評価とは何か」田中統治編『カリキュラム評価の考え方・進め方　教職研修12月号増刊』8～11頁，教育開発研修所。
田中統治・根津朋実編（2009）『カリキュラム評価入門』勁草書房。
田村知子（2014）『カリキュラムマネジメント——学力向上へのアクションプラン』（日本標準ブックレット No.13）日本標準。

西岡加名恵（2016）『教科と総合学習のカリキュラム設計——パフォーマンス評価をどう活かすか』図書文化社。

根津朋実（2009）「カリキュラムをチェックリストによってどう評価するか」田中統治編『カリキュラム評価の考え方・進め方　教職研修12月号増刊』120〜123頁。

根津朋実（2006）『カリキュラム評価の方法——ゴール・フリー評価論の応用』多賀出版。

水越敏行（1982）『授業評価研究入門』明治図書。

文部科学省（2016）『学校評価ガイドライン（平成28年改訂）』。

文部省（1975）『カリキュラム開発の課題——カリキュラム開発に関する国際セミナー報告書』大蔵省印刷局。

学習の課題

(1)　授業・カリキュラム・学校レベルの評価の関係性について具体例をあげながら説明しなさい。

(2)　カリキュラム評価を行う際には，どのような証拠を集めることができるだろうか，具体的な例をあげてみよう。

(3)　日本の学校評価の特徴や実施する際の留意点について，議論してみよう。

【さらに学びたい人のための図書】

篠原清昭編（2012）『学校改善マネジメント——課題解決への実践的アプローチ』ミネルヴァ書房。
　　⇨学校改善のあり方について，授業・カリキュラム・学校レベルのいずれも取り上げてまとめられている。

田中統治編（2005）『カリキュラム評価の考え方・進め方　教職研修12月号増刊』教育開発研修所。
　　⇨カリキュラム評価の必要性，生かし方，進め方，実践例等がコンパクトにわかりやすくまとめられている。

木岡一明（2003）『新しい学校評価と組織マネジメント——共・創・考・開を指向する学校経営』第一法規。
　　⇨学校評価の歴史や課題等を踏まえ，学校組織開発に資する学校評価のあり方がわかりやすく示されている。

（奥村好美）

第13章 カリキュラム・マネジメント

この章で学ぶこと

2017（平成29）年3月に告示された学習指導要領において，カリキュラム・マネジメントという言葉が提起された。伝統的な教育行政用語である「教育課程」ではなく「カリキュラム」という語をあえて採用したもので，学習指導要領の改訂の歴史から見ると，画期的なことであるといわれる。

カリキュラム・マネジメントとは何か。従来から用いられてきた教育課程経営という言葉との違いは何か。本章のねらいは，今後の学校運営のカギを握るカリキュラム・マネジメントの基本的な考え方を理解することである。

また，カリキュラム・マネジメントは，学校管理職や校内のミドルリーダーだけに限らず，すべての教職員が協働して取り組むべきであるとされる。教科や学級（高等学校におけるホームルームを含む，以下，まとめて学級と呼ぶ）を担当する各教員が，カリキュラム・マネジメントにどのように関与していくか。その考え方と具体的な方法についても，あわせて理解を深めていきたい。

1 学習指導要領におけるカリキュラム・マネジメント

（1）提起の背景

教育課程行政においてカリキュラム・マネジメントが重要な位置を占めるようになったのは，2017（平成29）年3月告示の学習指導要領であるが，この言葉そのものには，もう少し長い歴史がある。教育行政学や教育経営学，カリキュラム研究といった教育研究の分野で，カリキュラム・マネジメントが注目されるようになったのは，おおむね1990年代の終わり頃である。この時期に，

日本の教育課程行政では，各学校の教育課程の編成に関する規制緩和が進み，各学校の自主性や独自性が求められるようになっていた。「特色ある教育活動」や「創意工夫に満ちた特色ある教育課程」などといった当時の教育課程行政の方向性を受けて，教育研究の分野で理論や実践の積み上げが進みつつあったカリキュラム・マネジメントに注目が集まるようになっていった。

　さて，どうしてこの時期にカリキュラム・マネジメントが注目されるようになったか。概観を述べておきたい。

　そもそもカリキュラム・マネジメントとは，各学校が設定する教育目標の実現を目指して，教育の内容と方法のまとまりである教育課程（カリキュラム）を編成，実施，評価，改善するための考え方の総体である。何事においても，何かしら実現したいことがあれば，それに向けて様々な作戦を練るだろうし，実際に実行してみて，目指すものが実現できないようであれば，軌道修正をはかるだろう。そういうことからすれば，カリキュラム・マネジメントはごく常識的な「目標実現の手立て」なのであるが，こと学校教育に関しては，この発想は必ずしも一般的ではなかったといわれる。

　第二次世界大戦終戦直後の一時期をのぞいて，長い間，日本の教育課程行政においては，学校教育の目標と内容に関する国家的基準である学習指導要領に準拠した教育課程を各学校が編成するという考え方が大勢を占めていた。この際，各学校に求められるのは，学習指導要領に準拠した教育課程を着実に実施することであり，また，学校教育法施行規則に定められた各学年の標準授業時数を満たすことであった。極端な話をすれば，各学校は「規定の教育内容と授業時数を適切に行うこと」に責任を負うのであって，その教育課程の履修を通して「子どもたちが実際に身につける知識や能力」には直接の責任を負っていなかったのである。

　21世紀に入り，日本の学校に強く求められるようになったのは，一言でいえば成果主義であった。各学校は，子どもたちの学習の成果に責任を負わなければならない。1998（平成10）年の学習指導要領告示に前後して喧伝された「学力低下論」「ゆとり教育批判」，あるいは国内外の各種学力調査（テスト）の結

第13章　カリキュラム・マネジメント

果は，学校教育における成果主義の思潮を大いに刺戟するものであった。

　こうした動向がたどり着いた先が，2017年3月の学習指導要領改訂に向けた議論のなかで提起された「育成すべき資質・能力」論であり，それを支える考え方としてのカリキュラム・マネジメントの提起であった。

（2）提起の趣旨

　もともと，カリキュラム・マネジメントをどのようなものと考えるのかについては，そのベースにある研究的なスタンスによって様々な違いがあった。教育行政学や教育経営学の立場からは，学校のカリキュラムに関わる組織や制度が重視された。教育方法学や教育課程論の立場からは，カリキュラムの具体的な目標・内容・方法が議論された。そして教育社会学の立場からは，カリキュラムをめぐるコンテクスト（文脈）やカルチャー（文化）の重要性が指摘された。そういう意味では，カリキュラム・マネジメントは教育関連諸科学の融合的な研究・実践領域であるといえた。

　教育課程行政の立場はどうであったか。2010年代中盤の学習指導要領改訂論議の初期の段階では，「教育課程の編成，実施，評価，改善」をカリキュラム・マネジメントと呼ぶ「狭義」の意味づけであった（たとえば文部科学大臣，2014など）。しかし，改訂論議が進む中で，目的論としての「育成すべき資質・能力」が指摘されるとともに，さらには「社会に開かれた教育課程」「アクティブ・ラーニング」「チーム学校」などの学校を単位とする教育活動の質的向上の議論が深まる中で，カリキュラム・マネジメントについても，最終的には，各学校が教育課程を適切に編成，実施，評価，改善するための条件部分を含む，次のような「広義」の定義が採用されることになった（文部科学省，2017，40〜41頁）。

　　・児童や学校，地域の実態を適切に把握し，教育の目的や目標の実現に必要な教育の内容等を教科等横断的な視点で組み立てていくこと
　　・教育課程の実施状況を評価してその改善を図っていくこと
　　・教育課程の実施に必要な人的又は物的な体制を確保するとともにその改

185

善を図っていくこと

などを通して，教育課程に基づき組織的かつ計画的に各学校の教育活動の
質の向上を図っていくこと

　これら「三つの側面」のうち，田村知子（2011，7〜10頁）の言葉を借りるな
ら，第1の側面と第2の側面がカリキュラムの「教育活動」に関する内容であ
り，第3の側面がカリキュラムの「経営活動」に関する内容であると整理でき
る。カリキュラム・マネジメントは，これらの内容を「側面」として説明して
いることが示すとおり，学校運営において「教育活動」＝教科担任・学級担任
等の職務，「経営活動」＝学校管理職（校長・副校長・教頭）の職務，のように
二分せずに，当該学校が編成するカリキュラムを中心に一体のものとして捉え
ていこうとする立場をとるものである。

　こうした立場から各学校で編成されるカリキュラムの質の判断基準となるの
が，「育成すべき資質・能力」論に示される「三つの柱」，すなわち「知識及び
技能」の習得，「思考力，判断力，表現力等」の育成，「学びに向かう力，人間
性等」の涵養，の視点である。各学校が編成するカリキュラムは，「三つの柱」
として示される教育目標を当該学校の子どもに「実現」するために，創意工夫
を凝らして「編成，実施，評価，改善」（いわゆる PDCA サイクル）されること
が求められる。従来の教育課程編成の主流が，学習指導要領や標準授業時数な
どの各種法規に準拠するとともに，その実施状況を管理すること（教育課程管
理）にあったのに対して，カリキュラム・マネジメントでは，法律準拠を前提
にしつつも，各学校が設定する教育目的・目標に準拠し，いかに教育効果を高
めるかが強調されたといえるだろう。

（3）カリキュラム・マネジメントの「三つの側面」

　次に，2017年版学習指導要領におけるカリキュラム・マネジメントの具体的
な取組み内容をもう少し細かく整理することにしよう。結局，これからの学校
は何をどうすべきなのか。

第13章　カリキュラム・マネジメント

　第1の側面は，端的にいえば，当該学校の教育ニーズを把握し，各学校固有の教育目標および内容を設定することである。自動車教習所が「運転免許をもっていない人に対して，自動車の運転についての知識と技術を習得させること」を目的とし，そのための学科と技能のカリキュラムを編成するように，たとえ公立の小学校であっても，その学校が「誰に対してどんな教育をどのように提供するのか」を明確に説明できなければならない。その学校に通ってくる子どもの学習，生活，環境（家庭・地域）の一般的特徴を正確に見取り，そのよさや課題を把握できなければ，そもそもカリキュラムは編成できない。

　子どもの教育課題は百人百様であるが，それでも共通に重要視すべきところはどこなのか。いわゆる基礎学力（知識及び技能）の習得か，「考える力」や「表現する力」の育成か，「あいさつ」や「集団での活動」に現れる人間性や社会性の涵養か，学習規律の確立か，生活習慣の形成か，体力や健康の向上か。学習指導要領はこうした子どもの教育課題にまんべんなく対応できるようにつくられているので，これに準拠してさえいれば，どんな教育課題にも対応する教育課程を編成したことになるのかもしれないが，得てして「何にでも対応する」ものは「結局何にも対応していない」ものに陥りがちである。

　各学校は，学校評価等で得られたデータや，実際に教育活動に従事する校内の教職員の実感などを組み合わせながら，多様な子どもの教育課題を選り分け，その課題に即応するカリキュラムをつくり上げていく必要がある。そのためには，学習指導要領に示された各教科等の目標・内容を，それぞれの枠内で粛々と指導しているだけでは不十分かもしれない。特定の教育課題の解決に向けて，各教科等を横断するような内容を構成する必要も出てくるだろう。これらが，カリキュラムの「選択と決定」といわれるものである。

　第2の側面は，計画に沿って実施した教育活動が，本当に子どもの教育課題の解決に効果を上げているのかを見定めることである。習字教室に通う子どもの課題解決は，何はともあれ「字を正しく丁寧に書けるようになること」である。習字教室に行ってもプログラミングの技能はふつう高まらないし，高まったとしても，それは習字教室の目標ではない。このことと同様に，たとえばあ

187

る学校が「自分の考えたことを的確に表現する力」の育成を重視したカリキュラムを編成したときに，教育活動の結果として，子ども一人ひとりの「表現する力」ではなく，「感謝する気持ち」や「友だちへの共感的態度」ばかり育っているのであれば，いくらその教育的価値が重要なものであったとしても，カリキュラムの結果としての教育成果とみなすことはできない。

　学校教育は，子どもの認知的，精神的，身体的成長を幅広く志向するものであるうえ，実際の成長過程もきわめて複雑に推移するだけに，「こういう取組みをしたからこういう成果があった」などと単純に説明できないのも事実である。しかし，だからこそ学校は，カリキュラム編成に際して，解決に向けて取り組むべき教育課題を具体化，焦点化，可視化し，これらに効果があると思しきカリキュラムを編成，実施し，その効果を明らかにしていく必要がある。

　第3の側面は，カリキュラムの目標と内容そのもののマネジメントではなく，そのための人的，物的な条件を整備することである。カリキュラム・マネジメントのためのマネジメントといってもいい。

　カリキュラムが学校ごとの教育目標を規準にして実施されることで，子どもの教育課題を解決に向かわせるためには，そのためのリーダーシップとフォロアーシップの位置取りを明確にしないといけないだろうし，機能的な校務分掌体制の構築や斉一的な学校・学年・学級経営の実施など，校内の組織構造整備も欠かせない。それだけでなく，各学校の教育成果に大きな影響をもつといわれる学校文化の醸成も必要である。目を学校外に転じれば，家庭や地域社会との連携・協働や，教育委員会等教育課程行政との規定・支援関係も重要である。

　こうした強靱な枠組みの中で，カリキュラムは力強く子どもたちの教育課題を解決していくことが可能になるだろう（図13-1参照）。

　2 　マネジメントの主体——教職員は何をすべきか

（1）カリキュラム・マネジメントと各教職員

学校のカリキュラムは，ただ関係法規にしたがって適正に実施されればいいの

第13章 カリキュラム・マネジメント

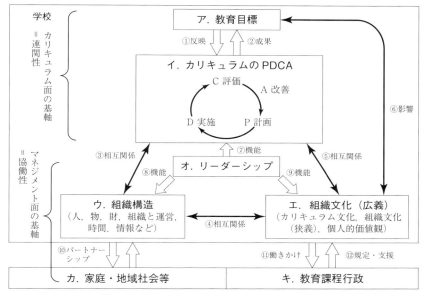

図 13-1 カリキュラム・マネジメントのモデル図
出典：田村知子他編（2016）37頁をもとに一部改変。

ではない。その成果としての子どもの資質・能力の育成に責任を負わねばならないというのが，現代の教育課程行政の基本的なスタンスである。さらに，学習指導要領に次のような記載があることも見逃せない（文部科学省，2017，11頁）。

> 各学校においては，校長の方針の下に，校務分掌に基づき教職員が適切に役割を分担しつつ，相互に連携しながら，各学校の特色を生かしたカリキュラム・マネジメントを行うよう努めるものとする。

校長の方針の下で，各教職員がカリキュラム・マネジメントを行うとはどういうことか。本節では，教科や学級の担任として，各教員が「カリキュラム・マネジメントを行う」ことの具体的な内容について述べていきたい。

以下では，各学校におけるカリキュラム・マネジメントに関わる具体的な職

189

務内容を，成長のマネジメント，実践のマネジメント，協働のマネジメントの3つに類別することにする（赤沢，2017，243～245頁）。

（2）成長のマネジメント

　学校の目的は，通ってくる子どもに，最大限の資質・能力を育むことにある。このため，学校では，学校教育法や学習指導要領に示された教育目標や，それらを各学校においてローカライズした学校教育目標，さらには年間目標，学期目標，月目標，週目標，日々の目標まで，様々なスパンの目標が設定される。また，カリキュラムの領域で見ても，各教科の目標，特別活動の目標，総合的な学習の時間の目標などがあるし，目標の対象で区分しても，学年目標，学級目標，班目標，個人目標などがある。

　このように学校における子どもの生活は，ある意味で「目標漬け」ともいえるほどの過密な状況である。そうであるにもかかわらず，多くの場合，これらの目標群はそれぞれの思惑や意向によってバラバラに設定されているため，当の子どもがこれらの目標を統一的に理解することは難しい。

　カリキュラム・マネジメントに基づけば，こうしたそれぞれの事情によって設定された目標群に関連性をもたせたり軽重をつけたりすることで，子どもの成長のための一つの大きな目標へと収斂することが必要になる。

　あなたが学級担任になったときのことを想像してほしい。あなたは，1年間の学級経営を通して，担任する学級の子どもに，どのような面での成長を，どの程度まで願うだろうか（学級経営）。それは，学年全体で年間を通して目指す子どもの成長とどのように関係しているだろうか（学年経営）。さらには，勤務校が掲げている学校教育目標のどの部分をどのように担っているといえるだろうか（学校経営）。同時に，あなたが担当する各教科，道徳，特別活動，総合的な学習の時間等のそれぞれに由来する目標は，あなたが学級の子どもに願う成長と，どこでどのように交錯してくるのだろうか。

　以上のことを，子どもの成長の全方面あるいは多方面において，教員が完全に把握することは難しいだろう。とはいえ，学級の子どもの実態理解をもとに，

第13章　カリキュラム・マネジメント

図 13-2　学校経営，学年経営，学級経営の関連図
出典：筆者作成。

「子どものこの点についてはぜひこのように成長してほしい」ととくに願ったことに関しては，少なくともその成長に関わる年間の見通しを明確にもつことができるべきであろう。

(3) 実践のマネジメント

子どもの成長の見通しに合わせて教育目標の設定ができる教員は，きっと，その実現のために効果的と思われるカリキュラムを工夫する意欲もあるだろうし，実際にそれをすることもできるだろう。

あなたがもし学級担任で，何事においても「ムリ，メンドクサイ」と取り組む前から投げ出してしまう子どもの実態を目の当たりにしたら，どうするだろうか。学級担任として裁量がきく学級行事のなかで，クラスメイトの交流と連帯を深めるクラス行事をこなすだけではなく，実現まで一定の手間と暇がかかる活動をあえて計画させるかもしれない。各教科の各単元の中で，「ムリ，メンドクサイ」の声が出がちなものに着目し，通常より多くの時間をかけたり，より丁寧な指導を行ったりするかもしれない。あるいは，全校行事としての体

191

育大会や音楽会などで，学級の子どもに「ムリ，メンドクサイといわず自分た
ちで決めたことを最後までやりきろう」と声をかけ続けるかもしれない。

　学級担任や教科担任は，子どもの教育課題の解決に向けて，ともかく何かし
らの手を打っているはずである。こうした実践的な営みが，子どもの成長の見
通しに根ざして設定された教育目標に明確に導かれて継続的に行われており，
かつ，各教員の営みが個々バラバラではなく，その目標・内容・方法の教員間
の相互理解のもとで協働的に行われているのならば，それこそがまさしく，カ
リキュラム・マネジメントの取組みであるということができる。

（4）協働のマネジメント

　子どもの教育課題が複雑であればあるほど，また，子どもの成長のスパンが
長ければ長いほど，いかに個々の教員の指導力が高くても，教育目標の実現は
困難になる。より複雑化・多様化する教育課題の解決に向けて，教員は今まで
以上に連携・協働して教育活動に従事することが求められている。

　あなたは，学級担任として，「学級王国」の王座を降りて，自分の学級の子
どもたちの実態，課題，目標，取組みを，管理職・同僚教員・保護者・地域住
民・教育行政担当者などの利害関係者（ステイクホルダー）に開いていくマイン
ドを早期に形成することが大切である。また，教科担任としては，各教科の
「独自性」というハードルを下げて，教科の特性を超えて子どもの成長に向け
た取組みを重ねていくことが求められる。

　子どもの「ムリ，メンドクサイ」に立ち向かうある学級担任の取組みは，そ
れが学級外に適切に公表されることで，学年の課題，あるいは学校の課題に昇
華していくかもしれない。案外，同じ課題に悩む学級担任が，校内のあちこち
にいるのではないか。学年主任や教務主任がそのような声を拾い上げ，学校通
信や学年通信等を通して保護者に知らせることで，学校と家庭が連携して解決
に取り組む課題になるかもしれない。子どもの成長に携わる関係者の関与を増
やし，それぞれの考えをぶつけ合い，効果がありそうなカリキュラムを編み出
し，協力して実施していくことで，子どもは変わるかもしれない。

第13章　カリキュラム・マネジメント

カリキュラムを駆使して子どもの変化を協働的にマネジメントする。そして，多くの関係者がその変化を見取り，喜び合い，さらなる成長に向けての取組みにつなげていく。カリキュラムをめぐるこうしたポジティブな文化を，「勤務校の雰囲気」としてただ「与えられる」だけではなく，自らの手で「耕していく」志向性と力量が，とりわけ今後の教員には強く求められるのである。

３　カリキュラム・マネジメントの実践に向けて

（1）カリキュラム・マネジメントと学級経営

前節では，カリキュラム・マネジメントに関する各教員の「実務」として，「成長」「実践」「協働」の３点を指摘した。学校の教育活動の基礎的な単位は，何といっても学級であるから，各教員は学級担任として，あるいは教科担任として，各学級の子どもの教育課題の解決にあたっていくことが，学校ぐるみのカリキュラム・マネジメントの取組みのベースである。

日本の小学校は学級担任制を取っているため，学級集団に対して生活・生徒指導と教科指導の両面のアプローチから，その学級集団の課題解決にあたっていくことは一般的なことであるだろう。しかし，教科担任制をとっている中学校や高等学校は，学級経営に関して，小学校と同様の事情ではない。とはいえ，今後は，中学校・高等学校の学級集団であっても，学級担任と教科担任とが当該学級の教育課題を共有しつつ，その解決のための目標設定や具体的な取組み，手立てについて共通理解をもちながら，協働して指導にあたる必要性がますます高まってくるのではないだろうか。カリキュラム・マネジメントの考え方からとりわけ中学校・高等学校に求められるのは，学級担任を中心に，関係者の協働によって進められる「広義の学級経営」である。

（2）カリキュラム・マネジメントのシステムとストーリー

さて，このように学級経営を起点にしながら，学年経営，そして学校経営につなげ，最終的には学校全体の子どもの課題解決に結びつけていくためには，

校内の教職員がどのように「連携・協働」を図っていけばいいのか。このことを考えるためのキーワードが,「カリキュラム・ストーリー」である。

　第1節 第3項で紹介したように,各学校は,カリキュラムを動かすための「経営活動」の一つとして,「組織構造」をもっている。学校長を学校経営のトップに位置づける「校内組織」はどの学校にも編成されている。各教員は,校内に張り巡らされた部・室・係に所属し,学級担任業務や教科担当業務とは別に,自らの課された役割を果たしていく（校務分掌）。こうした組織体制と分業システムのもとで,各学校の子どもの課題は整理され,学校教育目標や年度ごとの重点目標とカリキュラムが編成され,実施され,評価されていく。

　ただ,注意しなければならないことがある。それは,学校の既存の組織構造のもとで各教員が校務分掌を誠実に果たしたとしても,カリキュラムは「回る」ことはあっても,「前に進む」ことは必ずしも多くないということである。

　年度当初の職員会議をイメージされたい。教務主任から提案のあった「今年度の重点目標案」が職員会議で承認される。引き続いて体育主任から「今年度の運動会の実施計画案」が説明される。ただ,先程承認されたばかりの「今年度の重点目標」と関連づけられているわけではない。「運動会の実施計画案」が粛々と承認されて,次に道徳担当から「今年度の道徳教育全体計画案」が提案される。これも,先に承認された重点目標や運動会の実施計画と関連づけられることはなく,「それはそれとして」検討され,承認されることになる。

　ことほどさように,各教員が過去の資料に基づいて校務分掌の役割を果たすだけでは,校内で数多く実施されている大小の教育活動（小さなカリキュラム）のおのおのが例年通りに「回る」ことはあっても,学校全体の教育計画（大きなカリキュラム）が「前に進む」ことには直結しない。語弊を恐れずあえて極端にいえば,組織構造という校内システムによって,カリキュラムがオートマチックに動くことはないのである。

　それでは,学校のカリキュラムを動かすのは何か。それが,1年間にわたって繰り広げられる学校の様々な教育活動の取組みと,その結果としての子どもの成長や進歩を一つの大きな「成長のストーリー」として捉える視座である。

第13章　カリキュラム・マネジメント

　年度当初の４月，各学級に振り分けられた子どもには，多かれ少なかれ，教育上の諸課題がある。学級で，学年で，そして学校全体で，１年という時間をかけて解決を目指していく課題は何であるのか。そして，教員と子どもの悪戦苦闘の結果，年度末の３月に子どもはどのような姿を見せてくれることを教員たちは願うのか。カリキュラム・マネジメントの考え方では，前者を「教育課題の焦点化」と呼び，後者を「教育目標の実現」と呼んでいる。カリキュラム・マネジメントとは，要は，この両者の「ギャップ」を埋めるために，各教員が子どもと一緒に描く試行錯誤と紆余曲折のストーリーである。

（3）カリキュラム・マネジメントと学校改善のリアル

　ストーリーとしてのカリキュラム・マネジメントの実例をあげよう。

　ある小規模の小学校では，数年にわたって「子どもの自主性，主体性」が職員室の話題に上がっていた。各学級の子どもたちは，先生の指示があれば素直に従って動くことはできる。しかし，指示をしなければ一切動こうとしない。各教員が個々に指導を積み重ねても，なかなか期待するような成果は表れない。指導は停滞し，それに伴って職員室の雰囲気も淀んでいった。

　ある年度の当初，ついに教務主任が動いた。それぞれの教員が「子どもの自主性，主体性」についてどう考えているのか。どのような手立てを講じてきたのか。どのように子どもを成長させたいと考えているのか。教務主任は，こうした問いを職員会議や職員研修の場で投げかけ，各教員に熟議を求めた。多忙化が進行するなか，担任の学級を「何とかする」ことばかりに追われていた教員たちは，教務主任の投げかけに応え，子どもの共通の教育課題について議論を深め，１年間で目指す子どもの姿の共通理解を図っていった。

　教務主任はさらに，各学級の教育課題の解決を目指して，学級担任がそれぞれ工夫して指導をするだけではなく，すべての学級が関与する学校行事の中で，「自分たちで目的や方法を決めていくことが出来るような主体性」の涵養を目指してやっていく必要性を語った。議論の結果，９月に実施する運動会の目標，内容，方法を，主体性の育成に向けて組み替えていくことになった。

195

運動会に向けての準備は，例年とは大きく異なるかたちで進められた。高学年の担任教員は，学級の子どもたちに，運動会の種目の内容や方法を，自分たちで考えて決めるように投げかけた。高学年の子どもは，度重なる話し合いを通して自分たちでつくり上げた運動会の実施計画を，下学年の子どもに説明し，理解を求めた。子どもたちの意思と主体に委ねた運動会の準備は，例年のように教師主導で進めることに比べると遅れが目立ったが，それでも教員たちはギリギリまで子どもたちを待ち続けた。

運動会当日は，これまでの成果がじゅうぶんに発揮され例年にない盛り上がりを見せた。運動会を取り仕切った若き体育主任は，達成感と開放感のあまり，閉会後の職員室で号泣したという。一方で子どもの感想文は，自分たちがつくり上げた運動会に対する誇りで満ち溢れていた。運動会後も，高学年の子どもは，全校美化活動で，自分たちで掃除場所を決めて声を掛け合いながら取り組むなど，今までなかったような主体的な動きをみせた。中学年の子どもは，音楽会に向けて，自分たちで進んで練習に臨むようになった。各教員は，学級の子どもたちの変化を実感しながら，さらなる主体性の涵養に向けて，学級での取組みをおし進めていったという。

以上のように，カリキュラム・マネジメントは，学校全体，学年，そして各学級で行われる教育活動のサイクルを結びつけて，学校教育目標の実現を目指していく学校改善のストーリーである。カリキュラム・マネジメントの主人公は，校内の各教員であり，そして子どもたちである。教員の思いがすぐに叶わないことも多いだろう，取組みが停滞したり，結局，うまくいかなかったという事態もあるかもしれない。ともあれ，実践の成功と子どもの成長という「キレイゴト」ではすまない各教員のリアルな奮闘という文脈の中で，カリキュラム・マネジメントという提起を私たちは理解する必要があるだろう。

引用・参考文献

赤沢早人（2017）「学校におけるカリキュラム・マネジメント」西岡加名恵編著『教職教養講座 第4巻 教育課程』協同出版。

田村知子（2011）『実践・カリキュラムマネジメント』ぎょうせい。

第13章　カリキュラム・マネジメント

田村知子他編（2016）『カリキュラムマネジメント・ハンドブック』ぎょうせい。
中央教育審議会（2016）「幼稚園，小学校，中学校，高等学校及び特別支援学校の学
　習指導要領等の改善及び必要な方策等について（答申）（中教審第197号）」。
文部科学省（2014）文部科学大臣：「初等中等教育における教育課程の基準等の在り
　方について（諮問）」。
文部科学省（2017）『小学校学習指導要領解説（総則編）』。

（**学習の課題**）

(1)　2017（平成29）年改訂の学習指導要領で，カリキュラム・マネジメントの考え
　方が求められるようになった経緯について述べなさい。
(2)　学校経営，学年経営，学級経営の方向性を揃えるために，各校の教務主任が取
　り組むべきことは具体的にどんなことだろうか，話し合いなさい。
(3)　カリキュラムをマネジメントすることに関わる「システム」と「ストーリー」
　の関係性について整理しなさい。

【さらに学びたい人のための図書】

田村知子他編（2016）『カリキュラムマネジメント・ハンドブック』ぎょうせい。
　　⇨カリキュラム・マネジメントの理論や各学校での進め方がコンパクトに整理さ
　　れている。カリキュラム・マネジメントの「モデル図」や「チェックリスト」
　　が実践的で使いやすい。
渡辺秀貴（2017）『カリキュラム・マネジメントに基づいた月別学級経営13ヶ月』公
　　文書院。
　　⇨学級経営の視点から「カリキュラム・マネジメント実践」を描いた数少ない実
　　践書。単なる実務マニュアルではなく，学級担任の願いの実現という視点から，
　　具体的な学級経営実務が解説されている。

（赤沢早人）

第14章 学校種間の接続と入試

この章で学ぶこと

　小学校から中学校，中学校から高校，高校から大学のように，次の異な
る学校種へとつなぐ関係のことを接続（学校接続/アーティキュレーショ
ン）と呼ぶ。円滑な接続が望まれるが，学校種間にギャップがあることや，
接続方法としての入試（入学者選抜試験）がそれを妨げることがある。と
りわけ入試は，受験する子どもやその保護者，指導にあたる下級学校の教
師，そして教育課程にも大きな影響を与えるものである。そこで，本章で
はまず接続に関わる諸問題を概観したのち，とくに入試に関わる問題に注
目して，歴史的に振り返る。これらは今日の接続のあり方を考えるうえで
も十分示唆に富むものである。そのうえで，接続の現代的諸課題と今後の
大学入試改革の方向性を考える。ここでは，世界の多くの大学が接続を認
め，近年注目される国際バカロレアにも視野を広げたい。

1 学校種間の接続に関わる諸問題

（1）中1ギャップと小1プロブレム

　日本は戦後，それまで多岐にわたっていた中等教育段階の諸学校を3年制の
中学校と3年制の高等学校に統合・整理して，小学校6年，中学校3年，高等
学校3年，大学4年の，いわゆる単線型の学校制度を採用した。

　学校種が変われば，そこには教育課程，学校制度，教師，子どもの人間関係
など，何らかの変化がある。ここに生じる子どもの戸惑いや，必要となる教師
の対応も，接続に関わる問題である。その例として，近年は中1ギャップや小1
プロブレムが指摘されている。

　中1ギャップとは，子どもが中学校での新しい環境での学習や生活にうまく

198

適応できず，問題行動につながっていく事態である。一般に，小6から中1に
かけていじめや不登校の数が増加することから，中学校への接続に際して，何
らかの問題があるとみなされている。その要因としては，学級担任制（小学校）
と教科担任制（中学校）の違いや，学習すべき内容の増加，生徒指導に関して
の中学校での規則の多さ，人間関係の変化などがあげられる。一方，小1プロ
ブレムとは，子どもが小学校の教室で学習に集中できなかったり，教員の話が
聞けなかったりして，授業が成立しないなど学級がうまく機能しない事態であ
る。家庭でのしつけが十分でないことや，自己を抑制する力が育っていないこ
となどに加えて，保育所や幼稚園での遊びや生活を中心とした学びから，小学
校での教科学習への移行が難しいことも要因と考えられている。

　中1ギャップも，小1プロブレムも，いずれも新しい学校種への接続に際し
て，学習面や生活指導面での子どもの情報共有が十分に行われていない場合が
あるとも指摘されている。そこで対応として，小学校と中学校間や，保育所・
幼稚園と小学校間での連携が期待されている。問題は新しい学校に入ったから
始まったとは限らず，下級学校から何らかの兆候があったということも考えら
れるのである。もちろん，こういった問題は中1や小1に特有ではない。程度
や内容の違いこそあれ，高校や大学への接続にも起こり得ることである。

　また，これらの問題は教育課程を改善することによって対応ができるのでは
ないかとも考えられている。たとえば，小1プロブレムに対し，2011（平成23）
年より文部科学省（以下，文科省）は「スタートカリキュラム」を導入して，
生活科を中心に合科的・関連的な指導を図っている。ここでは，授業時間を15分
や20分程度の短い時間にして時間割を構成したり，クラスを少人数編成にした
り，複数の教員や管理職，大人が関わったりするなどの工夫を取り入れている。

（2）一貫教育という接続方法

　学校と教師が変わるという状況をなるべくつくり出さず，かつ体系的なカリ
キュラムと教師間の協働体制をとりやすくするということで，一貫教育にも目
が向けられている。たとえば，公立学校でも小中，中高，小中高一貫教育を行

う学校が増加しているほか，従来の一貫校のように各学校種が分かれた状態で連携したり併設したりして接続するのではなく，一つの学校として小中一貫教育を行う義務教育学校（2016年新設，2017年現在48校）や，中高一貫教育を行う中等教育学校（1999年新設，2017年現在53校）も広まっている。

　文科省のアンケート調査によれば，小中一貫教育は，学習指導面，生徒指導面において成果があって，93％の教員が「いわゆる『中１ギャップ』が緩和された」とされる。また，小・中学校の指導内容の系統性について教職員の理解が深まったり，協力して指導にあたる意識が強まったりしたとも報告されている（文科省，2017）。しかし，長年続けられてきた小学校６年間，中学校３年間という制度の変更は，教師の戸惑いや負担の増加を招くこともある。また，視点を変えれば，小中一貫校の推進は，行政のコストダウンを狙った学校統廃合のための方途として利用されているという批判もある（山本，2017）。

　さらにいえば，学校が変わり，新しい環境で学ぶことや新しい人間関係を築くことなどといった接続がもつ積極的な意義も決して無視することはできない。一貫教育は公立学校をより多様で魅力あるものとするための選択肢の一つとして提案されているのであって，学校種間にギャップがあることが単に否定的に捉えられているわけではないことには留意しておきたい。

（3）入試という接続方法

　義務教育である小学校や中学校に進む場合は基本的に無試験であるが，高等学校以上への接続には入学者を選抜するプロセスがある。ここで用いられるのが入試である。入試のほかには，調査書（内申書ともいう）が選抜に利用される場合もある。むろん，小学校や中学校でも学校を選べば入試がある場合もある。しかし，避けて通りにくい点で高校入試や大学入試のほうが多くの生徒に圧力を与え，これまでにも社会的に注目されたり，問題視されたりすることが多かった。

　入試は，競争的であるほど，またその競争に参加する人が多いほど，これに関連して様々な問題が顕在化する。たとえば，戦前の大学入試は，社会的には

第14章　学校種間の接続と入試

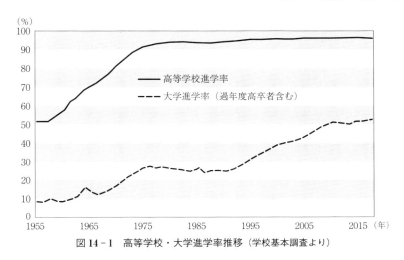

図 14-1　高等学校・大学進学率推移（学校基本調査より）

ほとんど問題にされていなかった。その理由としては，第一に高等学校（旧制高校）の卒業者数と帝国大学の定員がほぼ同数であったために，一部の大学や学部を除けば定員をめぐる競争そのものが厳しくなかったことがあげられる。視点を変えれば，義務教育修了後に，多様な学校種の中からとくに中学校（旧制中学）・高等学校を選ばなければ，他の学校種からはほぼ大学進学はできず，接続がされていなかったのである。第二に，大学が経済的にも学力的にも恵まれたごく一部の人間だけが入る機関であったために，競争が非常に限定的なところで行われていたこともあげられる。

　戦後になって，高校や大学への接続をめぐる状況は大きく変わった。それは，機会均等を理念とする単線型学校制度への変更で，多くの人にとって上級学校への接続の道が開かれたことと，経済成長によって進学が可能になった人が増えたという変化である。こうして競争への参加者が拡大することで，高校や大学という同じ学校種内での学校間格差が強まっていくとともに，そこを目指すための受験競争が激化していった（稲垣，1984，24～32頁）。

　次節では，進学率の上昇（図14-1），受験競争の激化の中で生まれた偏差値，共通一次試験，未履修問題という3つの事象を取り上げてみたい。これらはい

ずれも教師や改革者の「願い」をもって善意の中から登場したともいえるが，結果としては歪みとなって子どもや学校に影を落としていった点で共通している。

2　入試に関わる諸問題

（1）偏　差　値

東京の公立中学校教師だった桑田昭三は，それまで心理学や統計学の世界で見られた偏差値を，学力試験に応用することを考えた。1957（昭和32）年のことである。

偏差値は，ある集団の中で，特定の受験者がどの位置にいるかを明らかにする相対的な指標である。つまりは他者や他教科，過去のテストなどと比較を容易にするという特長をもっている。これを用いることで，入学定員がある中で受験生が相対評価によって選抜される高校入試の合否予想精度が高まった。高校進学率の上昇で受験競争の圧力が高まる中，従来は素点と順位，そして一部のベテラン教師の「勘」に頼っていた進路指導を，多くの教師に合理的なものとして拓いた偏差値は教師たちに支持され，これを用いた進路指導の的確さは保護者・生徒の支持も集めた。偏差値は，当初桑田に賛同する近隣校で利用されていただけだったが，やがて業者テストへと広がり，またたく間に広い範囲で学校に受け入れられていった。そうして，業者テストと偏差値は進路指導に不可欠なものとなっていった。1976（昭和51）年の文部省（当時）調査によれば，約6割の都道府県の中学校内で，業者テストが授業時間を使って行われていたとされる（文部省，1976）。

しかし，一方で偏差値はその便利さゆえに一人歩きを始めた。高校と子どもが偏差値という一つの基準で序列化され，ときに1ポイント刻みで進路が割り振られていくことに使われた。さらに，中学校が生徒の業者テストの偏差値を私立高校に見せることで入試の前に「合格内定」をもらうことが横行し，業者テストが選抜機能をもつ状況にまで至っていた。このような中で，1992（平成

第14章　学校種間の接続と入試

4）年，埼玉県教育委員会が県内各中学校に対して業者テストの結果を私立高校に提出することを禁止したのに続いて，1993（平成5）年2月，文部省（当時）が通知を出して，業者テストの校内実施を禁止した。

業者テストと偏差値は中学校から追放され，「将来の夢」や「自己実現」を強調する進路指導が推進されたり，推薦入試などで容易に偏差値化（つまりは序列化）されない多様な入試方法の開発が進められたりした。しかし，高校入試におけるテスト利用がなくなったわけではなかったため，相対的な成績の把握や合否予想は変わらず必要とされた。自治体や校長会などが独自に共通テストを作成するところもあったが，学校外を会場にする模擬試験を通して多くの生徒のデータをもつ塾が進路指導に大きな役割を担うようにもなっていった。また，進学率の上昇が続く大学入試の対策では偏差値は広く用いられ続けた。

（2）共通一次試験

センター試験（大学入試センター試験，1990〜2020予定）の前身である共通一次試験（共通第一次学力試験，1979〜1989）が生まれる以前は，各大学がそれぞれに入試問題を作成し，独自の選抜を行っていた。当時の大学入試には，どんな問題があっただろうか。共通一次試験の実施の前年，文部省（当時）は次のような改善を期待している（文部省，1978）。

- 試験問題は，大学入試センターが，多数の国立大学教官の協力を得て，高等学校の教育内容や目標を十分にふまえて作成するため，難問や奇問は出題されない。
- 高等学校における基本的な学習の成果が適切に評価され，判定に生かされるため，高等学校教育の正常な発展にも大きく寄与することが期待される。
- 共通一次試験の結果に加えて，二次試験，調査書などの内容を総合して合否判定を行うため，一発勝負の選抜から総合的な能力・適性の評価に基づくいっそう適切な選抜へ改善される。

203

ここからは，当時の大学入試では，とくに高校の教育内容との関係において接続の問題があり，その是正を図ろうとしていることが見て取れる。さらに，共通一次試験実施決定時に文部大臣であった教育学者の永井道雄は，高校の基本的な学習内容の適切な評価の後，各大学が作成する小論文や面接などの二次試験が多様化することで，従来のような知識中心ではなく，記述力・考察力・洞察力が積極的に評価されることを期待していた。各大学が選抜する際は，「それぞれの大学や学部の一種の目標や目的，性格に合ったおもしろい人間を受け入れることができるようになる。そして，教育機関としてよみがえっていく」（永井，1983，59頁）ことにこそ入試改革の本質があると考えていた。

　しかし，試験内容における改善はあったものの，結果的には多くの大学が共通一次試験に7，8割の大きな配点を与え，二次試験の多様化は進まなかった。このような客観テストによって基礎学力を問う共通一次試験を偏重する傾向は，「詰め込み教育」へとつながっていったとも批判される（中井，2007，215頁）。そして，センター試験が始まってからもこの傾向は変わらなかった。また，大手予備校などの模擬試験業者は，共通一次試験・センター試験の自己採点データを全国規模で集めて集計・分析し，模擬試験の偏差値と関連づけながら精度の高い進路指導の情報を提供することで信頼を高めていった。こうして，偏差値に加えて，全国共通テストという尺度も得た結果，大学の序列化がさらに進んでいった。

（3）高校の未履修問題

　2006年，教育課程に関係する問題が日本全国の高校で見つかり，世間の大きな注目を集めた。学習指導要領で必修と定められた科目を生徒に履修させていなかったという，いわゆる「未履修問題」である。メディアの連日の報道に続き，急遽行われた文科省の調査では，公立高校371校（全体の9.2%），私立高校292校（全体の22.0%）で未履修の科目があったことが報告されている（文科省，2006）。

　同調査によると，未履修には2つの特徴があった。一つ目は，新学習指導要

領の学年進行実施が始まった2003（平成15）年度に未履修の学校が229校から522校へ大きく増えていることである。このときの指導要領改訂では，総合的な学習の時間と情報科が新設されたほか，小・中学校では教科学習の時間が減らされている。二つ目は教科別に見て，地理歴史（42.0%）と情報（22.6%）がとくに高い比率で未履修だったことである。

　この問題について，なぜ指導要領を無視したのかと厳しく問われた教師たちは「生徒のため」「受験のため」と口をそろえて述べている。未履修で生み出した時間を，生徒の大学受験に必要な教科・科目の指導に使っていたのである。小・中学校の学習内容削減による基礎学力不足という「しわよせ」が高校に来ているという教員の声もあった。

　この一件で，入試は下級学校の教育課程・教育内容に大きな影響を与えていることが改めて白日の下にさらされた。未履修が指摘されたある高校の教頭は「指導要領の内容すべてが受験で問われるわけではないことに，根本的な矛盾がある。指導要領の習得に時間を割きながら，受験に対応できる力も身につけさせるには授業時間が足りない」（朝日新聞，2009）と述べている。高校がここまで受験指導に駆り立てられるのは，教師たちが言うように生徒の進路実現のためであることは一つの事実であろう。しかし，少子化の中で，高校側にとっても進学実績を上げて「選ばれる学校」を目指さなければならないという重圧がかかっていたことも一つの要因といえる。

3 　接続の現代的課題と大学入試改革

（1）少子化と競争圧力の低下

　およそ10年前から，日本では少子化と大学および大学定員の増加によって，大学入学希望者が全大学の定員を下回るという「大学全入時代」を迎えているといわれてきた。統計上では2017（平成29）年現在も「大学全入時代」を迎えてはいないが，少なくとも高校の進路指導の現場では，「選り好みさえしなければどこかの私立大学には入ることができる」というのはすでによく知られて

いる事実である。受験生を集めることができる国公立大学と一部私立大学を除いては，学力選抜が有効ではなく，「もはや大学が選抜するのではなく，選抜される時代になっている」（中井，2007，12頁）とまでいわれる状況にある。

接続という視点に立てば，大学入試における選抜性の低下は，基礎的な知識・技能の面で，大学教育で求められるレベルに達していない生徒が入学することにつながっている。近年，大学において新入生に基礎学力を補う目的で行われるリメディアル教育が注目され，熱心に行われるようになったのはその証左の一つである。また，高校では，いわゆる進学校は例外としても，受験勉強が以前ほど学習の動機づけになりにくくなってきている。しかし，学校卒業後の社会を見渡せば，雇用システムの変化，情報化，高齢化，グローバル化などが急速に進んでおり，将来が決して楽観視もできず，先が読みにくい時代になっている。ここでは学ぶこと，学び続けることの重要性が増すばかりである。

（2）高大接続改革の中の入試改革

このような時代において育成が目指されているのは，2007（平成19）年の学校教育法改正により示された「基礎的な知識及び技能」「これらを活用して課題を解決するために必要な思考力・判断力・表現力等の能力」「主体的に学習に取り組む態度」という学力の三要素から構成される「確かな学力」である。その育成は，社会への接続までも視野に入れられたものである。

しかし，中央教育審議会（以下，中教審）（2014）は，小・中学校に比べて高校では知識伝達型の授業に留まる傾向があり，学力の三要素を踏まえた指導が徹底されていないことを指摘し，そこには現行の大学入試が学力の三要素に対応した学力評価を行っていないことの影響が大きいと理由づけている。こうして提案されるのが「高等学校教育，大学教育，大学入学者選抜の一体的改革」である。

入試改革案としては，2021年1月からセンター試験に代わって実施される新たな試験「大学入学共通テスト」において問う学力について，従来型の学力としての「知識・技能」の評価も行いつつ，「思考力・判断力・表現力」を中心

第14章　学校種間の接続と入試

に評価するという方向が示されている。センター試験がマークシートを用いた
「択一式問題のみ」であることに対して，記述式問題も一部新たに導入され，
この点が強く意識された試験であることがアピールされている。また，とくに
英語においては，「読む」「聞く」のみの従来の試験に対して，「話す」「書く」
を加えた4技能を評価する。そのために民間の資格・検定試験を活用するとさ
れる。このテストの成績に加えて，各大学には三要素の評価のための多様な評
価方法の活用，すなわち「小論文，面接，集団討論，プレゼンテーション，調
査書，活動報告書，大学入学希望理由書や学修計画書，資格・検定試験などの
成績，各種大会等での活動や表彰の記録，その他受験者のこれまでの努力を証
明する資料などを活用すること」が求められている。

（3）資格試験型入試

　すでに共通一次試験の際にそうであったように，「大学入学共通テスト」も
各大学の利用次第では，もっぱらこれが偏重されて選抜機能を担い，数多く提
示されたほかの手間のかかる評価方法には目が向けられないことも考えられる。
　このような入試のあり方について議論するとき，選抜試験に対置されるのが
資格試験（資格試験型入試）である。資格試験とは，資格があるかどうかを判断
するものであり，当該試験に合格して資格があると判断された場合，人数の制
限なく資格が授与される。受験者の中での相対的な順位に左右されることはな
い。換言すれば，定められた内容に到達しているかどうかによって合否判定が
なされるのである（樋口，2015，227頁）。「大学入学共通テスト」も計画当初は，
複数回実施や段階別表示による成績提供といった「資格試験的利用を促進する
観点」（中教審，2014）が盛り込まれていた。
　たしかに，資格試験であれば選抜に費やす各大学の労力はかなり削減できよ
う。しかし，すでに序列化されている日本の各大学への入学判断を，一律に資
格の有無だけで行うことは現実的に考えて難しい。特定の大学に入学希望者が
集中し，定員を大幅に超えることが容易に予想される。また，個別試験を行わ
ない大学側にとっても学生の選択権がなく，「こんな入試を突破できる学生に

（こそ）来てほしい」という意味での大学の自主性・独自性も発揮できないことになる。したがって，「大学入学共通テスト」も点数化し，ある程度選抜試験としての機能をもたせることが予定されている。

　そこで最後に，資格試験と選抜試験の両方の機能をもち，世界の多くの大学が接続を認める国際バカロレアの仕組みを見ることにしよう。

4　国際バカロレア

（1）国際バカロレアの理念と展開

　国際バカロレア（IB）は，もともと外交官や国際機関職員，駐在員等の子どもたちが，現地のインターナショナルスクール卒業後に，母国へ戻って大学に円滑に入学できるよう，国際的に通用する大学入学資格を付与することを目指して1968年に開始された教育プログラムである。

　IB の教育理念は学習者中心の全人教育にあり，その使命は「多様な文化の理解と尊重の精神を通じて，よりよい，より平和な世界を築くことに貢献する，探究心，知識，思いやりに富んだ若者の育成を目的とする」とされている。また，それを具体化した10の学習者像とは，Inquirers（探究する人），Knowl-edgeable（知識のある人），Thinkers（考える人），Communicators（コミュニケーションができる人），Principled（信念をもつ人），Open-minded（心を開く人），Caring（思いやりのある人），Risk-takers（挑戦する人），Balanced（バランスのとれた人），Reflective（振り返りができる人）である。

　IB はおよそ50年の歴史を有しているが，近年になって世界的に脚光を浴び，認定校も国内外で急増している。これは，このような理念や期待する学習者像が，現代において「生きる力」や OECD の「キー・コンピテンシー」などとの関連性も高いこと，またグローバル志向の中で広く世界の大学への接続を可能にする入学資格として認められていることなどによるものである。日本では，海外の大学への入学資格としてだけでなく，国内の大学入試や教育方法の改革の契機としても期待されている。

第14章　学校種間の接続と入試

（2）大学入学資格としてのディプロマ・プログラム

　IB には，年齢や志望に応じて次の4つのプログラムがある。

　　(1)　PYP（プライマリー・イヤーズ・プログラム）3歳〜12歳

　　(2)　MYP（ミドル・イヤーズ・プログラム）11歳〜16歳

　　(3)　DP（ディプロマ・プログラム）16歳〜19歳

　　(4)　CP（キャリア関連プログラム）16歳〜19歳

　これらは一貫したプログラムとされているが，そのうち一つからでも導入することができる。創設当初は大学入学資格となる2年間の後期中等教育であるDP しかなかった。DP は，言語と文学（母国語），言語習得（外国語），個人と社会（人文・社会科学系の科目群），理科，数学，芸術の6グループの中から1科目ずつ選択し，うち3〜4科目を上級レベル科目として各240時間，2〜3科目を標準科目として各150時間学ぶ。大学での専攻を意識した高度な学習の機会も与えつつ，科目を少なく絞り込みすぎないようにバランスをとることも意識された選択科目の仕組みである。

　IB は後期中等教育カリキュラムと大学入学資格となる評価を一体的に考えて生み出された経緯をもつプログラムでもある。したがって，ここで学習する6つの科目も，すべて資格のための評価対象となり得点化される。日本の高校のように「受験に使わない科目」という言葉は存在しない。これに加えて，必修要件として EE（課題論文），TOK（知の理論），CAS（創造性・活動・奉仕）に取り組むことが求められる。中でも IB のユニークさの象徴ともいえる TOK は，知識を批判的に問い直すことを通じて，異なる科目の学びをつなぐという役割ももつ点でも注目されている。

　各科目の評価は，国際バカロレア機構が行う世界共通試験を中心とした外部評価と，それぞれの学校が行うレポートやプレゼンテーションなどの内部評価を組み合わせて行われる。その総合点（スコア）が45点満点中，原則24点以上で「IB ディプロマ」が得られ，大学入学資格となる。競争的な入試が行われている大学の場合も，そのスコアに応じて入学資格となる点で「IB ディプロマ」は選抜機能も併せもつという特徴がある。実際には，スコアに加え，さら

209

に面接や外国語試験などを行い総合的に評価する大学もある。

（3）日本における国際バカロレア導入と普及の課題

　日本における IB の導入と普及に関してはいくつもの課題がある。中でも，筆者がとくに大きな障壁になると考えるのが日本国内の大学への接続の問題である。先行的に DP を取り入れている日本国内の学校を見ても，生徒が皆，海外の大学への進学を志望しているわけではない。しかし，日本の大学の多くは「IB ディプロマ」を推薦・AO 入試の出願資格の一つとして「若干名」に認める程度にしか門戸を開いていないのが現状である。一方，圧倒的に定員が多い一般入試を選んで受験するならば，IB プログラムに追加して新たな科目を学ぶ必要が生じる場合がある。また，「世界史Ｂ」と DP の「歴史」のように一見同じ科目であっても，日本の学習指導要領と DP が求める学習内容の違いから，現行の日本の大学入試には対応が難しい場合もある。

　IB の導入にあたって，学びに注目すれば，大きな質的転換が求められる。たとえば，日本の歴史学習では通史を基本に学ぶ。入試においても知識を問うことが多く，長文の論述問題を出題するような大学は多くない。これに対して，IB では近現代史を中心に，概念的で深い学びを基礎とする。そして，最終試験では「『戦争は解決するよりも多くの問題を生み出した』という主張について，20世紀の二つの戦争（異なる地域から選べ）を例にあげ論じよ」といった問題が出題される。このような IB の理念や教育方法を理解した教員の養成も課題である。ほかにも，国際バカロレア機構に諸経費を支払ったり，少人数指導を行ったりするための教育コスト負担面での課題もある。

　これらの課題を乗り越えることは容易ではない。しかし，早急な IB プログラムの導入そのものに必ずしもこだわる必要もない。世界の大学が接続を認めたプログラムとしての IB の評価方法や教育方法に注目するだけでも，日本の高大接続や教育のあり方を客観的な視点で問い直すために，多くの有用なヒントを見出すことができよう。

第14章　学校種間の接続と入試

引用・参考文献

朝日新聞朝刊（群馬版），2009年1月10日。

荒井克弘・橋本昭彦編著（2005）『高校と大学の接続 入試選抜から教育接続へ』玉川大学出版部。

稲垣忠彦（1984）『戦後教育を考える』岩波書店。

木村元（2002）「入試改革の歴史と展望——教育評価の制度的枠組みと入試制度の展開から」田中耕治編著『新しい教育評価の理論と方法Ⅰ 理論編』日本標準。

桑田昭三（1995）『よみがえれ，偏差値——いまこそ必要な入試の知恵』ネスコ。

佐々木享（1984）『大学入試制度』大月書店。

全国進路指導研究会編（1976）『偏差値』民衆社。

中央教育審議会（2014）「新しい時代にふさわしい高大接続の実現に向けた 高等学校教育，大学教育，大学入学者選抜の一体的改革について」。

中井浩一（2007）『大学入試の戦後史 受験地獄から全入時代へ』中央公論新社。

永井道雄（1983）『教育の流れを変えよう』朝日新聞社。

樋口とみ子（2015）「入試制度」「学校間接続」西岡加名恵・石井英真・田中耕治編『新しい教育評価入門——人を育てる評価のために』有斐閣，215～232頁。

文部科学省（2006）「高等学校等における未履修の状況について」。

文部科学省（2012）「大学改革実行プラン」。

文部科学省（2017）「小中一貫教育の導入状況調査の結果」。

文部省（1976）「学校における業者テストの取扱い等について」。

文部省大学局大学課（1978）「〈特別連載〉変わる国公立大入試① ——共通第一次学力試験を中心に」『文部時報』1212号，88～89頁。

山本由美（2017）「学校統廃合のための小中一貫校」『現代思想』4月号，146～155頁。

学習の課題

⑴　新しい学校に入学して，子どもはどんなギャップを感じるのだろうか。そしてそれはどのような仕組みがあれば解決・軽減できるだろうか。学校種を設定し，学校という制度の中で，できることを考えなさい。

⑵　自分自身が受けた入試は，どのような仕組みであったか（何を，どのように評価されたか）を思い出して，他の学校・地域の入試方法と比較し，受け入れ側の学校の立場からそのねらいを考察しなさい。

⑶　本章では取り上げていないが，日本の高校入試において「総合選抜」や「調査書（内申書）重視」など様々な施策がとられたことがある。この「総合選抜」とはどのような選抜制度なのか，①しくみ，②長所と短所，をそれぞれ明らかにしなさい。

【さらに学びたい人のための図書】

福田誠治（2015）『国際バカロレアとこれからの大学入試　知を創造するアクティブ・ラーニング』亜紀書房。

　　⇨IB に興味がわいたら，本書を羅針盤にしつつ，ぜひ国際バカロレア機構のウェブサイト「日本の学校のためのリソース」http://www.ibo.org/about-the-ib/the-ib-by-region/ib-asia-pacific/information-for-schools-in-japan/ で，専門教科の「指導の手引き」や「教師用参考資料」にも目を通してほしい。

溝上慎一・松下佳代編（2014）『高校・大学から仕事へのトランジション——変容する能力・アイデンティティと教育』ナカニシヤ出版。

　　⇨近年は，大学も含めて学校から仕事への移行（トランジション）を意識した教育の重要性も提起されている。学校と社会の接続についても考えてみてほしい。

読売新聞教育部（2016）『大学入試改革——海外と日本の現場から』中央公論新社。

　　⇨各大学の入試改革や，本章では紹介しきれなかった世界各国の入試改革動向を知ることができる。本書も参考に，現代日本の入試改革を相対化してほしい。

各社の教員向け進路指導情報誌

　　⇨進路指導についての先進校の取り組みや大学等の研究紹介だけでなく，教育改革に関する最新の情報や研究者による理論的な解説も掲載されている。

• 河合塾『Guideline』（記事編）http://www.keinet.ne.jp/gl/

• ベネッセ教育総合研究所『VIEW21』http://berd.benesse.jp/magazine/

• リクルート進学総研『Career Guidance』http://souken.shingakunet.com/career_g/

（次橋秀樹）

索　引（＊は人名）

あ 行

＊アイスナー，E. W.　151
　アカウンタビリティ　13, 154
　アクティブ・ラーニング　77, 84, 127, 128
　新しい学力観　102
　新しい能力　102
　生きる力　80, 102
　育成すべき資質・能力　185
　育成すべき資質・能力を踏まえた教育目標・内
　　容と評価の在り方に関する検討会　103
＊石井英真　57
　一貫教育　199
　異年齢の集団　49
＊ウィギンズ，G.　105
＊梅根悟　32
　エピソード記述　152
　横断的個人内評価　145
　落ちこぼれ　72

か 行

　外国語科　10, 86
　外国語活動　10, 81, 86
　改正学校教育法第30条　75
　概念くだき　134
　科学的リテラシー　100
　科学と生活をめぐる学力論争　63
　学習経験の総体　2
　学習指導案　23
　学習指導要領　9, 140, 204
　学習集団　53
　学習到達度調査（PISA）　99
　学習としての評価　162
　学習の総括　52
　学習のための評価　162
　学習の評価　162
　学籍簿　143
　学年経営　190

　学年プロジェクト　166
　学問（科学）と教育の結合　97
　学問中心教育課程　70
　学力　95
　学力調査　140
　学力低下論争　64
　学力の3要素　102
　学力の質や構造　140
　学力の要素　151
　学力評価計画　149
　学力保障　145
　学力モデル　95
　隠れたカリキュラム（ヒドゥン・カリキュラ
　　ム）　3
　仮説実験授業　71
　学科課程　1
　学級経営　190
　学校教育法　206
　学校行事　46, 51
　学校経営　190
　学校接続　198
　学校統廃合　200
　学校評価　176, 187, 190
　学校文化　188
＊勝田守一　32, 96
　活用する力　125
　課程主義　8
＊神谷拓　59
　カリキュラム　1
　カリキュラムの改造運動　2
　カリキュラム評価　168, 169, 178
　カリキュラム・マネジメント　5, 43, 85, 120,
　　129, 172, 183
　完全習得学習　148
　観点別学習状況　147
　『危機に立つ国家』　154
　基準準拠型ポートフォリオ　160
　基準創出型ポートフォリオ　160

213

基礎学力論争　63
義務教育学校　200
逆向き設計論　105,174
キャリア・パスポート　163
キャリブレーション　162
教育課程　1
『教育課程改革試案』　35
教育課程の編成，実施，評価，改善　185
教育課程の編成主体　4
教育鑑識眼　151
教育基本法　117
教育計画　2
教育測定　141
教育的鑑識眼　161
教育と科学の結合　6
教育と生活の結合　6
教育内容の現代化　145
『教育の過程』　70
教科外活動　51
教科学力　74
教科主義　72
教科課程　1
教師の教育課程編成　8
共通一次試験　203
教務主任　192
クラブ活動　58
グローバリゼーション　98
訓育　51
経験主義　6,97
経験主義教育　131
形成的評価　148
系統主義　6,69,97
言語活動　81,131
言語活動の充実　125
言語技能　131
言語主義　133
言語能力　129,131
顕在的カリキュラム　3
現代化　69
検討会（カンファレンス）　160
工学的アプローチ　173
工学的接近　7

効果のある学校　13
公共　114
考査　140
公職選挙法　111,118
構成主義　27
構造　71
校務分掌　188
ゴール・フリー評価　47,173
＊国分一太郎　63
個人内評価　144
コンピテンシー　154
コンピテンシー・ベース　57,77

さ　行

最良作品集ポートフォリオ　160
シーケンス　6,68
資格試験　207
思考スキル　133
思考，判断力，表現力等　103
思考力・判断力・表現力　206
自己評価　59
自己評価能力　142
資質・能力　57,127,154
資質・能力論　95
持続可能な開発のための教育（ESD）　112
児童会活動　46
児童会・生徒会　54
指導要録　143
＊柴田義松　51
社会に開かれた教育課程　56,83
習熟　38,97
集団づくり　51
縦断的個人内評価　144
州統一テスト　162
習得・活用・探究　81
受験競争　201
主権者教育　110
主体的・対話的で深い学び　57,84,128
小1プロブレム　199
情意的性向　97
情報活用能力　86
＊城丸章夫　35

索　引

新教育　31
真正の（オーセンティック）評価　154
診断的評価　148
信頼性　161
進路指導　202, 206
数学的リテラシー　100
＊スクリヴァン, M.　151
スコープ　6, 68
スタートカリキュラム　199
スタンダード　13, 154
スタンダード準拠評価　148
生活集団　53
生活準備説批判　68
生活綴方　134
生活と教育の結合　97
正規分布曲線　143
政治的中立性　117
政治的リテラシー　111
生成学力　74
＊制野俊弘　56
接続　198
絶対評価　143
全国学力・学習状況調査　139
潜在的カリキュラム　3
センター試験　203, 206
創意工夫に満ちた特色ある教育課程　184
総括的評価　148
総合学習　31, 73
総合的な学習の時間　38
相対評価　143, 202

た　行

第一次米国教育使節団報告書　66
大学入学共通テスト　206
大学入試改革　77
大綱的基準　9
代替（オルタナティブ）評価　154
態度　95
態度主義　34
＊タイラー, R. W.　141
タイラー原理　7, 141
＊竹内常一　52

確かな学力　80, 102, 206
たのしい授業論争　63
探究学習　42
知識及び技能／知識・技能　103, 207
知識基盤社会　75, 99
中1ギャップ　198
中央教育審議会　206
中等教育学校　200
調査書　200
＊デューイ, J.　67
到達度評価　145
到達目標　146
道徳科　82
陶冶　51
特別の教科　道徳　82
読解リテラシー　100
読解力　76
ドメイン準拠評価　148

な　行

内申書　200
内容知　41
＊中内敏夫　37, 97, 146
21世紀型スキル　101
21世紀型能力　77
21世紀型スキルの学びと評価プロジェクト
　　　（ATC21s）　101
入試　200
ニューヨーク・パフォーマンス・スタンダー
　　　ド・コンソーシアム（NYPSC）　161
人間中心教育課程　72
認識の能力　96
認知的能力　97
年数（年齢）主義　8

は　行

はいまわる経験主義　69
パフォーマンス課題　105, 156, 174
パフォーマンス評価　25, 154
汎用的資質・能力　127
評価基準　147
評価規準　147

215

評価基準表　158
標準授業時数　184
評定　147
＊広岡亮蔵　33,95
ファシリテーター　119
フィードバック　149
福井大学教育地域科学部附属中学校　166
＊ブルーナー，J.S.　70
ブルーナー仮説　71
＊ブルーム，B.S.　148
プログラミング教育　86
文化資本　13
『分数ができない大学生』　65
平和学習　36
偏差値　202
方向目標　146
方法知　41
ポートフォリオ　159
ポートフォリオ評価　154
本質的な問い　105,157

ま　行

＊マクタイ，J.　105
＊正木正　141
学びに向かう力，人間性等　103
見方・考え方　128,135
ミドルリーダー　183
メタ認知　142
目標に準拠した評価　12,147,173
目標にとらわれない評価　151
モデレーション　161
問題解決学習　32
問題解決学習論争　63

や　行

＊矢川徳光　63
『山びこ学校』　69
4技能　207

ら　行

羅生門的アプローチ　173
羅生門的接近　7
ラセン形教育課程　71
リテラシー　5,125
領域　48
ルーブリック　148,157
ルーブリック評価　158

わ　行

『私たちが拓く日本の未来――有権者として求められる力を身に付けるために』　115

欧　文

ATC21s　101
DeSeCo　98
DeSeCo キーコンピテンシー　99
ESD　112
HR 活動　46
NYPSC　161
OECD-PISA　125
OECD（経済協力開発機構）　98
PDCA　5
PISA　74,99
PISA 型読解力　125
PISA ショック　99

監修者

原　清治　（佛教大学副学長・教育学部教授）

春日井敏之　（立命館大学大学院教職研究科教授）

篠原正典　（佛教大学教育学部教授）

森田真樹　（立命館大学大学院教職研究科教授）

執筆者紹介 （所属，執筆分担，執筆順，＊は編者）

＊細尾萌子　（編著者紹介参照：はじめに・第6章）

＊田中耕治　（編著者紹介参照：第5章）

二宮衆一　（和歌山大学教育学部教授：第1章）

大下卓司　（神戸松蔭女子学院大学教育学部准教授：第2章）

中西修一朗　（大阪経済大学情報社会学部講師：第3章）

徳永俊太　（京都教育大学大学院連合教職実践研究科准教授：第4章）

小山英恵　（東京学芸大学教育学部准教授：第7章）

木村　裕　（滋賀県立大学人間文化学部准教授：第8章）

八田幸恵　（大阪教育大学教員養成課程准教授：第9章）

樋口とみ子　（京都教育大学教職キャリア高度化センター教授：第10章）

遠藤貴広　（福井大学教育・人文社会系部門准教授：第11章）

奥村好美　（京都大学大学院教育学研究科准教授：第12章）

赤沢早人　（奈良教育大学教育学部教授：第13章）

次橋秀樹　（京都芸術大学芸術学部芸術教育資格支援センター准教授：第14章）

編著者紹介

細尾　萌子（ほそお・もえこ）

1985年　生まれ。
現　在　立命館大学文学部准教授。
主　著　『フランスでは学力をどう評価してきたか――教養とコンピテンシーのあいだ』ミネルヴァ書房，2017年。
　　　　『小学校教育用語辞典』（共編著）ミネルヴァ書房，2021年。

田中　耕治（たなか・こうじ）

1952年　生まれ。
現　在　佛教大学教育学部客員教授，京都大学名誉教授。
主　著　『教育評価』岩波書店，2008年。
　　　　『戦後日本教育方法論史　上・下』（編著）ミネルヴァ書房，2017年。
　　　　『「教育評価」の基礎研究――「シカゴ学派」に学ぶ』ミネルヴァ書房，2020年。
　　　　『カリキュラム研究辞典』（共監訳）ミネルヴァ書房，2021年。

新しい教職教育講座　教職教育編⑥
教育課程・教育評価

2018年 3 月10日　初版第 1 刷発行　　　　　　〈検印省略〉
2023年12月20日　初版第 5 刷発行

定価はカバーに
表示しています

監　修　者	原　　清治/春日井敏之 篠原正典/森田真樹
編　著　者	細尾萌子/田中耕治
発　行　者	杉　田　啓　三
印　刷　者	坂　本　喜　杏

発行所　株式会社　ミネルヴァ書房
607-8494　京都市山科区日ノ岡堤谷町 1
電話代表　(075)581-5191
振替口座　01020-0-8076

ⓒ 細尾・田中ほか，2018　　冨山房インターナショナル・坂井製本

ISBN 978-4-623-08189-9

Printed in Japan

新しい教職教育講座

原 清治・春日井敏之・篠原正典・森田真樹 監修

全23巻

（Ａ５判・並製・各巻平均220頁・各巻2000円（税別））

教職教育編

① 教育原論　　　　　　　　　　　山内清郎・原 清治・春日井敏之 編著
② 教職論　　　　　　　　　　　　久保富三夫・砂田信夫 編著
③ 教育社会学　　　　　　　　　　原 清治・山内乾史 編著
④ 教育心理学　　　　　　　　　　神藤貴昭・橋本憲尚 編著
⑤ 特別支援教育　　　　　　　　　原 幸一・堀家由妃代 編著
⑥ 教育課程・教育評価　　　　　　細尾萌子・田中耕治 編著
⑦ 道徳教育　　　　　　　　　　　荒木寿友・藤井基貴 編著
⑧ 総合的な学習の時間　　　　　　森田真樹・篠原正典 編著
⑨ 特別活動　　　　　　　　　　　中村 豊・原 清治 編著
⑩ 教育の方法と技術　　　　　　　篠原正典・荒木寿友 編著
⑪ 生徒指導・進路指導　　　　　　春日井敏之・山岡雅博 編著
⑫ 教育相談　　　　　　　　　　　春日井敏之・渡邉照美 編著
⑬ 教育実習・学校体験活動　　　　小林 隆・森田真樹 編著

教科教育編

① 初等国語科教育　　　　　　　　井上雅彦・青砥弘幸 編著
② 初等社会科教育　　　　　　　　中西 仁・小林 隆 編著
③ 算数科教育　　　　　　　岡本尚子・二澤善紀・月岡卓也 編著
④ 初等理科教育　　　　　　　　　山下芳樹・平田豊誠 編著
⑤ 生活科教育　　　　　　　　　　鎌倉 博・船越 勝 編著
⑥ 初等音楽科教育　　　　　　　　高見仁志 編著
⑦ 図画工作科教育　　　　　　　　波多野達二・三宅茂夫 編著
⑧ 初等家庭科教育　　　　　　　　三沢徳枝・勝田映子 編著
⑨ 初等体育科教育　　　　　　　　石田智巳・山口孝治 編著
⑩ 初等外国語教育　　　　　　　　湯川笑子 編著

ミネルヴァ書房
https://www.minervashobo.co.jp/